31살 이등병
아들을 생각하며

31살 이등병
아들을 생각하며

김록환 지음

초판인쇄	2025년 2월 25일
초판발행	2025년 2월 28일
지은이	김록환
펴낸이	김록환
펴낸곳	다사랑책방
기획	김태현
디자인	에이앤에프커뮤니케이션(주)
등록	제2024 - 000038호
전자우편	workjob@hanmail.net

값 12,000원

ⓒ 김록환 2025 Printed in Korea

ISBN 979-11-987352-3-2(03810)

* 이 책은 다사랑책방이 저작권자와의 계약에 따라 발행한 것이므로 본사의 허락없이는 어떠한 형태나 수단으로도 내용을 이용하지 못합니다.
* 잘못된 책은 바꾸어 드립니다.

31살 이등병으로 입대!
33살 병장으로 전역!

Contents

프롤로그 | 31살 이등병 아들을 생각하며 · 6

1부 | 입대를 명 받았습니다

1. 해병대에서 육군으로 · 12
2. 머리를 짧게 자른 아들을 보면서 · 15
3. 신병교육대에서 경직되어 서 있는 아들의 뒷모습을 보며 · 18
4. 자대배치 소식과 신병교육대 수료식 참석 · 21

2부 | 이등병에서 병장까지

1. 오전은 부대 정문 위병소 초병, 오후는 행정병 · 26
2. 의장대와 경호업무 수행 · 29
3. 특급전사, 아빠를 닮은 사격 솜씨 · 32
4. 오늘도 달리는 군인 아들 · 35
5. 부대 일과 후 아들과 휴대폰으로 소통 · 38
6. 취침 후 연등 · 41
7. 경연대회 도전기 · 44
8. 휴가 중 휴가를 얻다(국군 휴가보상 프로그램) · 48
9. 국방부 유해 발굴 감식단 시료 채취를 위한 첫 면회 · 51
10. 김상병 부대로 소풍 가는 날 · 56

11. 할아버지 장례식에 참석한 아들 · 59
12. 훈련 중 머리를 다친 아들 · 62
13. 매주 토요일은 군종병 · 67
14. 아들 귀대시간마다 조마조마한 마음 · 71
15. 항상 필승을 외치는 할머니 · 73
16. 휴가를 시험장에서 보낸 아들 · 75
17. 부대 성당에서 아들과 함께 미사를 드리다 · 81
18. 대한민국 군인 부모로 산다는 것 · 85

3부 | 전역을 명 받았습니다

1. 부대에서 저축한 김병장 통장 · 89
2. 군에 간 아들이 아버지에게 보낸 편지 · 93
3. 아들이 어머니에게 보낸 편지 · 97
4. 군에 간 아들에게 보내는 엄마의 편지 · 109
5. 아들과 함께한 부대의 모든 분들께 감사드립니다 · 113
6. 부대원들의 경례를 받은 김병장 아버지 · 116
7. 이제 새로운 마음으로 시작하는 아들을 바라보며 · 121
8. 아들에게 들려주고 싶은 이야기 · 124

에필로그 | 24년 제6회 군종 콘텐츠 공모전 출품작 · 128
저자소개 | 다문화 큐레이터 김록환교수/국가정책홍보가수 · 135

프롤로그
31살 이등병 아들을 생각하며

  아들이 입대하기 전날 머리를 자르고 내게 노래 한 곡을 들려주었다. 영화〈탑건: 매버릭〉의 OST인 OneRepublic의 'I ain't worried'. 군대 간 아들이 생각날 때면 이 노래를 흥얼거린다.

I don't know what you've been told
네가 무슨 말을 들었는지 모르겠지만
But time is running out, no need to take it slow
하지만 시간이 없어, 서둘러야 해

I'm stepping to you toe-to-toe
조금씩 너에게 다가가고 있어
I should be scared, honey, maybe so
겁이 날 수도 있어

But I ain't worried 'bout it right now (right now)
하지만 난 지금 걱정 따윈 안 해
Keeping dreams alive, 1999, heroes
영웅이 되는 꿈을 1999년부터 간직해왔어

I ain't worried 'bout it right now (right now)
지금은 걱정하지 않아

Swimmin' in the floods, dancing on the clouds below
홍수 속에서 헤엄치고 구름 위에서 춤추고 있지

I ain't worried 'bout it
난 걱정하지 않아
I ain't worried 'bout it
난 걱정하지 않아

 대한민국 헌법에는 대한민국 국민이 지켜야 할 4가지 의무가 있다. 국방의 의무, 납세의 의무, 교육의 의무, 근로의 의무이다.

 이 중에서도 헌법 제39조 제1항에 모든 국민은 법률이 정하는 바에 의하여 국방의 의무를 진다고 명시되어 있다. 여기에 병역법 제3조 제1항에 따라 대한민국 국민인 남성은 「대한민국헌법」과 이 법에서 정하는 바에 따라 병역의무를 성실히 수행하여야 한다고 규정하고 있다.

 대한민국 국민은 이러한 헌법과 병역법에 의해 군 복무를 하게 된다. 나의 아들도 대한민국의 국민으로서 당연히 군대에 가야 했다.

 누구나 가야 되는 군대이지만 자식을 보내는 부모입장의 마음은 걱정이 되었다.

31세라는 늦은 나이에 군 생활을 시작하게 된 이유는 핑계 같지만 나름 이유가 있었다. 그동안 목표로 하는 시험이 있어서 준비하던 중 '조금만 더해야지' 하면서 미루다가 2023년 뜨거운 여름에 신병교육대로 입영하게 되었다.

　사실 아들은 정말로 군대에 가고 싶어 했다. 군대도 해난구조대와 같은 특수부대를 생각하고 있었다. 아들이 계속 낙방하며 목표를 이루지 못하자 나와 아내가 아쉬운 마음에 아들을 붙잡고 있었다. 군대에 가고 싶은 아들의 간절한 마음을 부모가 반대하고 있었으니 지금 생각하면 미안하고 후회만 남았다.

　하지만 입영통지서를 받고 홀가분한 마음으로 입대하는 아들을 보며 기쁜 마음으로 응원했다. 신병훈련을 마치고 자대에 배치되어 자신보다 열 살 어린 선후임들과 많은 것을 경험하고 다양한 업무를 하면서 18개월을 즐거운 마음으로 보낸 것 같아 고마울 따름이다.

　31살에 이등병으로 시작한 아들은 전역 날 "좋은 부대원들과 생활 하다보니 어느덧 18개월이라는 시간이 지나갔다"며 아쉬움을 나타냈다. 병영생활을 하며 많은 것을 배우고 즐거운 마음으로 생활할 수 있도록 도와주신 대장님·행정보급관님·부대원 그리고 여러분들에게 진심으로 감사를 드린다.

특히 〈31살 이등병 아들을 생각하며〉 책의 원고 교정을 도와준 아내, 아침마다 "필승"이라는 구호를 외치며 응원해준 어머니와 항상 믿고 지지해준 용봉가족들, 삽화를 그려준 박운음 화백, 에이앤에프커뮤니케이션 김진길 대표, 친구인 배정철 어도에게 감사의 마음을 전한다.

　〈31살 이등병 아들을 생각하며〉 책을 통하여 군 입대를 앞둔 청년들과 부모님들에게 조금이나마 도움이 되기를 바라며,

　31살 이등병, 33살 병장으로 전역한 아들을 지켜봐 주시기 바란다. I ain't worried!

1부

31살 이등병 아들을 생각하며

입대를 명 받았습니다

❶ 해병대에서 육군으로

 오늘은 아들 시험 발표가 있는 날, 아침부터 일이 손에 잡히지 않는다.

 병원에 계시는 아버지를 아들과 함께 병문안 다녀오는 길, 차 안에서 아들이 핸드폰을 보다가 고개를 숙인 채로 "아빠 안 되었어요" 말하는 순간 심장이 덜컹하였다.

 "할 수 없지 죽고 사는 문제도 아닌데" 중얼거렸지만 운전대를 잡은 손은 땀이 나고 있었다. 순간 자동차 안은 정적이 흘렀다.

31살까지 공부만 하고 있었다, 아니 시키고 있었다

 한참후 아들은 병무청으로 전화를 걸었다. 아들은 "해병대에 입대할 수 있을까요?"라고 물었다.
전화 상대방이 "나이가 있어서 확인이 필요합니다"라고 말하는 것이 들려왔다. 어떻게 집에 왔는지 모를 하루였다.

 지금 생각해 보면 참으로 기나긴 시간이었다. 남들은 보통 20대 초반에 군복무를 마치고 나이 31세이면 직장에 다니고 결혼도 하며 아이까지 있는데 아들은 아직도 병역의무도 마치지 못하고 공부만 하고 있었다. 아니 시키고 있었다.

군대도 해난구조대와 같은 특수부대를 생각하고 있었다

　아들은 어렸을 때부터 군대에 가고 싶어 했다. 이순신 장군 같은 군인을 동경하며 그림을 그리고, 블록으로 만든 탱크와 전투기를 가지고 하루종일 놀았다. 운동을 좋아해서 군대도 해난구조대와 같은 특수부대를 생각하고 있었다.

　아들은 준비하던 시험을 얼른 붙고 군대에 가려고 했지만 계속 낙방하며 목표를 이루지 못하자 나와 아내가 아쉬운 마음에 아들을 붙잡고 있었다.

　군대에 가고 싶은 아들의 간절한 마음을 부모가 반대하고 있었으니 지금 생각하면 미안하고 후회만 남았다.

　아들이 원한 해병대는 나이 때문에 지원하지 못하고 육군으로 입대하게 되었다. 아들아! 정말 미안하다.

❷ 머리를 짧게 자른 아들을 보면서

2023년 7월 9일, 아들이 입대하기 하루 전 머리를 자르러 간다고 했다.

군 입대 전 머리를 자를 때 대개 친구들이나 가족들이 함께 가기도 해서 우리 가족도 함께 가기로 하고 동행했다.

나도 1983년 1월 31일에 논산훈련소로 가는 입영열차를 타기 전 머리를 함께 자르러 갔지만 그 당시 누구랑 갔는지 정확히 기억은 나지 않는다.

평소 아들이 다니는 신촌의 헤어샵에 갔다. 머리를 자르는 모습을 보고 있으니 많은 생각이 스쳐 지나갔다. 전기바리깡 소리가 왠지 내 마음을 휘젓고 있었다.

왜 그리도 군대에 가고 싶었을까? 남들은 가기 싫어하는 군대를. 그렇게 시험 준비하는 것이 힘들었을까.

군대에 가고 싶어 할 때 보내 줄 것을 후회가 되었다

부모 입장에서는 아들이 하던 공부를 마무리해 목표를 이루고 군대에 갔으면 했다. 아들을 위한다는 마음에서 군입대를 만류한 것이 사실 부모의 욕심이 아니었을까.

사각사각 머리 자르는 소리를 들으며 왠지 미안한 생각만 들었다. 군대에 가고 싶어 할 때 진즉 보내 줄 것을...머리를 자르는 동안 내내 후회가 되었다.

자식을 군대에 보내는 수많은 부모의 마음

　아들아 미안하다 !
31살에 군대를 가게 해서 아버지로서 정말 할 말이 없구나.
부디 건강하게 군 복무하기를 바랄 뿐이다.

　자식을 군대에 보내는 수많은 부모들은 아마 이러한 마음이겠지 하는 생각으로 내 스스로를 달래고 있었다.

❸ 신병교육대에서 경직되어 서 있는 아들의 뒷모습을 보며

   그날은 무척 더웠다.
뜨거운 햇볕이 내리쬐는 여름날.
우리 가족은 큰 우산을 쓰고 아들의 훈련소 입소식을 보고 있었다.

   연병장에 방송이 나왔다. "오늘 입영한 여러분은 연병장으로 나와 주시기 바랍니다."

미동도 하지 않고 군기가 든채 서 있는 아들

 신병교육대 연병장에는 경직된 모습으로 양손을 바지 재봉선에 맞추어 서 있는 아들의 뒷모습이 보였다.

 '저렇게 미동도 하지 않고 서 있지 않아도 되는데' 주위 신병들은 느슨하게 서 있는 모습에 반해 아들은 완전히 군기가 든 채 서 있었다.

 그 모습을 보며 왠지 말로 표현할 수 없는 마음이 내 가슴을 짓누르고 있었다.

 뒤에서 보더라도 왠지 짠하다는 느낌이 들었다.

30대에 나이 들어서 간 군대 잘 버틸 수 있을까

 아! 이제 시작인데,
앞으로 많은 날 들을 이겨내야 하는데,
30대에 나이 들어서 간 군대 잘 버틸 수 있을까 하는 생각이 자꾸 들었다.

 어린 동기들과 잘 보낼 수 있을까.
무엇보다 선임(고참)도 대개 21세에서 25세 일텐데 하고 혼자말로 중얼거렸다.

 연병장 뒤에 서 있는 동안 내내 아들에게 미안했다.
아들아 잘 버텨라!

 부디 "건강하게 무사히 전역하게 하소서"

④ 자대배치 소식과 신병교육대 수료식 참석

자대배치 추첨을 하던 날 아들은 기갑여단에 배속되었다고 연락이 왔다.

300여 명의 훈련소 동기 중 기갑여단으로 자대 배치를 받은 사람은 10명뿐이라고 하였다. 처음 부대명을 들었을 때 '기갑'이라는 단어를 듣는 순간 아찔했다.

나도 군대 생활을 해 보았기에 기갑부대를 잘 알고 있었다. 기갑부대는 군기가 엄하고 훈련이 힘들다는 소문 때문에 걱정이 되었다.

자대배치 소식을 듣고 신병교육대 수료식에 참석하였다. 자식을 만나기 위해 온 부모들과 형제들로 연병장에는 차량이 꽉 차 있었다.

자대에 가면 선임들이 아들보다 나이가 많이 어릴텐데

대개 신병들이 20대이기에 부모님들이 우리보다 젊었다. 한편으로 걱정도 되었다. 20대 초 젊은 동기들과 잘 적응하며 지내야 할 텐데 특히 자대에 가면 선임들이 아들보다 나이가 많이 어릴텐데 하는 생각으로 걱정이 되었다.

신병교육대 강당에서 수료식이 있었다. 장병들이 강당에 줄 서서 들어올 때 가족들은 다들 장병들 속에서 자기 아들을 찾느라 이름을 부르고 바쁜 얼굴들이었다.

군악대의 연주에 맞추어 의장대가 강당에 들어오고 수료식이 시작되었다.

훈련병에서 이등병 약장을 단 늠름한 아들

수료식이 끝난 후에는 훈련병에서 이등병이 된 군인들에게 가족들이 이등병 약장을 달아주는 행사가 있었다. 아들도 늠름한 모습으로 우리를 반기고 있었다.

가족들과 사진을 찍고, 다른 훈련소 동기들과 사진을 찍었다. 동기들과 나이 불문하고 서로 이름을 부르는 모습을 보며 전우애가 느껴졌다.

다른 가족들도 이산가족 상봉한 듯 서로 얼싸안고 수료식의 기쁨을 만끽했다. 힘든 훈련을 마친 자식들에게 등을 두드리며 격려해 주고 한나절 외출이 허락되었기에 하나둘씩 차를 타고 부대를 빠져나갔다.

신병훈련도 마쳤으니 자대에 가서 건강하게 잘 지내기를

 우리도 아들을 차량에 태워서 신병교육대 근처에 예약해 놓은 숙소에 갔다. 준비해 간 음식을 함께 먹으면서 훈련받은 이야기를 듣다 보니 어느새 신병교육대에 들어갈 시간이 되었다.

 아쉬운 마음에 아들을 부대까지 가는 시간이 참으로 짧게 느껴졌다. 부대에 도착하여 차량에서 내린 뒤 우리를 바라보는 아들을 보니 왠지 마음 한쪽이 허전하였다.

 시작이 반이라고 하지 않는가?
그래. 이제 신병훈련도 마쳤으니 자대에 가서 건강하게 잘 지내기를 바랄 뿐이었다.

31살 이등병
아들을 생각하며

2부

이등병에서 병장까지

❶ 오전은 부대 정문 위병소 초병, 오후는 행정병

 오늘도 아들은 부대 정문 위병소에서 큰 소리로 "필승"이라는 경례를 한다.

아들이 자대배치를 받고 맡은 업무가 무엇인지 물었을 때 "부대 정문 위병소 근무입니다"라고 말하자 한편으로는 걱정이 앞섰다.

80년대 초에 강원도 고성군에 있는 사단본부에서 근무할 당시 부대 정문 위병소에 근무하는 군인이 항상 큰소리로 "충성"을 외치는 모습이 생각났기 때문이다.

정위치에서 눈이 오든 비가 오든, 덥거나 추울 때도 근무

위병소 근무는 정위치에서 근무하면서 큰소리로 경례 구호를 외치는 근무인지라 아들이 목이 자주 쉬기에 걱정도 되고, 주로 야외에서 근무하는 특성상 눈이 오든 비가 오든, 덥거나 추울 때도 장시간 경계근무를 서야 하기에 염려가 되었다.

하지만 아들은 즐거운 마음으로 "필승"을 크게 외치며 근무한다고 하니 다행이었다.

'오늘 할 일을 내일로 미루지 말라'

위병근무를 마치면 행정반에선 부대의 다양한 행정업무를 하며 때로는 야근도 한다고 하였다. 또한 훈련 때는 기갑부대답게 장갑차를 타고 기동하는 연습을 한다고 한다. 유사시를 위해 장갑차를 조종하는 훈련도 했다고 하니 아들이 만능 멀티플레이어 처럼 느껴졌다.

평소 부모님은 손자들에게 어렸을 때부터 "오늘 할 일을 내일로 미루지 말라"라는 말씀을 자주 하셨다. 그래서 아들은 자기가 맡은 일을 남에게 미루지 않고, 그날 처리하는 습관이 부대에서도 이어 나가고 있었다.

아들 "천성이 어디 가겠소"

한편으로는 이런 아들이 대견하면서도 "때로는 요령도 부릴 줄 알아야 하는데"라고 말했더니 아내는 "천성이 어디 가겠소"라고 말하면서 웃고 넘겼다. Story 1

❷ 의장대와 경호 업무 수행

　군대에 간 아들은 나와 다르게 키가 크고 건장하다. 아들은 평소에는 부대 정문 위병소 근무와 훈련 및 행정병으로 근무하지만, 특별한 날에 의장대와 부대장 경호 업무도 수행한다고 하였다.

　의장대는 가급적 키가 180cm 이상인 사람을 뽑는다고 알고 있다. 미군은 6피트이니 183cm 이상이고, 일부 국가의 군대는 190cm 이상인 곳도 있다고 한다.

　아들도 키가 크고 건장해서 그런지 자대 배치받고, 국기 게양식, 부대장 이·취임식 등 중요한 의전행사에서 기수단으로 태극기를 든다고 하였다.

　각종 의전 행사 때에는 부동의 자세로 장시간 태극기를 들고 있노라면 힘들 때도 많고, 국기 게양식에는 태극기의 건곤감리가 정확하게 게양되어야 하기에 긴장이 많이 된다고 하였다.

이 모든 것을 군인정신으로 이겨낸다

　여기에 훈련기간 중에는 부대장을 경호하는 업무가 있다. 아들은 기관총사수라 일반 개인화기와는 다른 무겁고 큰 화기를 들고 경호 업무를 수행해야 하기에 체력에 한계가 올 때가 많다고 하였다.

건강한 몸으로 전역하기를 바라는 부모의 마음

하지만 이 모든 것이 아들이 수행하는 본연의 임무이기에 "군인 정신으로 이겨낸다"고 하였다. 하지만 부모 마음으로는 어서 건강한 몸으로 전역하기를 매일 기도한다. 아내는 성당에 가서 미사를 드려야만 한 주간 마음이 편하다고 하면서 미사에 부지런히 참석하였다.

부모로서 자식을 생각하는 마음은 다 똑같은 것 같다. 이 순간에도 군대에 자식을 보낸 부모들은 모두 우리와 똑같은 마음이리라 생각한다. Story 2

❸ 특급전사, 아빠를 닮은 사격 솜씨

군대에 가면 가장 설레면서 군인이라는 느낌을 받을 때가 사격할 때이다.

나도 1983년 1월에서 1985년 6월 전역하는 날까지 정기적으로 사격을 할 때는 한번 영점조절을 맞추고 나면 쏠 때마다 백발백중이었다. 그때를 생각하면 지금도 기분이 좋다.

아들도 나를 닮았는지 사격을 잘하는 것 같다. 어느 날은 밝은 음성으로 특등사수가 되었다고 하였고, 우리는 한참 동안 군대 선후배로서 사격술과 관련하여 이야기를 나누었다.

영점조절에 대하여 간략하게 설명하면, 영점은 총알이 떨어지는(零) 지점(點)이다. 영점 거리는 총포를 발사할 때 탄두가 중력의 영향으로 낙하하는 것을 감안하지 않아도 되는 거리다.

따라서 영점조절은 영점 거리를 조준선과 일치시키는 것이며, 훈련소나 부대에서 표적지를 두고 쏘는 영점조절 사격을 말한다.

육군의 특급전사가 되기 위해서는 특등사수 필수조건

육군의 특급전사가 되기 위해서는 특등사수가 기본조건 '특등'은 특별히 높은 등급을 말하고, 특등사수는 1등급의 사격 실력이 있는 전사이다. 특등사수가 되기 위해선 250미터 실거리 사격에서 20발 중 18발 이상을 표적지에 적중해야 한다. 육군의 특급전사가 되기 위해서는 특등사수가 기본조건이다.

특급전사가 되기 위한 부단한 노력이 필요

　육군의 특급전사가 되기 조건으로 특등사수 달성, 기초체력으로 팔굽혀펴기 2분내 72회 이상, 윗몸일으키기 2분내 86회 이상, 3km 달리기를 12분 30초 이내 주파하고, 정신교육(정신전력), 각자의 주특기, 화생방, 구급법(TCCC 등) 과목을 통과하여야 한다고 한다.

　아들은 부대에서 특급전사가 되어 조기진급도 하고, 포상 휴가도 받았다고 한다. 부대에 잘 적응하며 지내고 있다는 마음에 안심이 되었다. Story 3

④ 오늘도 달리는 군인 아들

 어느 날 아들의 카카오톡 프로필 사진이 바뀌었다. 부대기를 들고 맨 앞줄에서 힘차게 달리는 아들의 구보 사진을 보았다. 어찌나 달리는 모습이 시원스럽게 보이던지 어떠한 사진보다 강렬한 인상을 받았다.

부대기를 들고 달리는 김병장의 카톡 프사 사진을 보고 나도 군 복무 중 철모에 총을 들고 달리던 때가 생각났다.

그 당시에도 매주 수요일 전투 체력 시간이 있었다. 전투 체력 시간에는 축구·족구도 할 때도 있지만 8km 구보 시간도 있었다. 우렁찬 목소리로 군가를 부르면서 아스팔트 길을 달리던 기억이 지금도 생생하다.

달려온 만큼 다시 달려가야 한다

숨을 가쁘게 몰아쉬며 한참을 달리다 보면 반환점이 눈에 들어온다. 반갑기도 하지만 달려온 만큼 다시 달려가야 한다는 생각에 막막하게 느껴진다. 출발점이 가까워지기를 애타게 기다리며 서서 달리는 시간이 끝나기를 수없이 외치곤 하였다.

그 당시에는 왜 그리도 편두통이 심했는지 꾀병처럼 머리가 '지끈 지끈' 쑤셔왔다. 머리에 쓴 철모가 좌우로 움직일 때마다 머리 한쪽이 쑤시는 고통이 무한정 반복되던 진통 시간은 구보 8km 내내 내 머리를 흔들고 있었다.

함께 뛰었던 중대원들이 생각난다

그때의 힘든 구보 시간과 한적한 강원도 마을 풍경이 스쳐 지나간다. 그 당시 함께 뛰었던 중대원들은 지금 어디에서 살고 있는지 가끔 생각나곤 한다.

부대기를 들고 달리던 때를 생각하며 계속 달리기를

이제 아들은 전역하여 부대기를 들고 달리지는 못하겠지만, 사진 속 국방색 반팔 티셔츠 입고 뜀걸음 하던 때를 생각하며 계속 달리기를 바란다. Story 4

❺ 부대 일과 후 아들과 휴대폰으로 소통

 예전에는 군대에 가면 '무소식이 희소식이다'이었다. 그때는 집으로 전화하는 것이 정말 어려웠다.

 다행히 나는 그 당시 사단 본부 벙커 상황실에서 근무하여서 바로 옆에 전화교환실이 있었다. 일과 시간이 끝난 저녁은 전화교환실이 조금 한가하여서 평소 알고 지낸 전화교환실에 근무하는 고참(선임)에게 집으로 전화 부탁을 하였다.

 내 차례를 기다리고 있는데 우연히 다른 병사가 전화 통화하는 것을 듣게 되었다. 그 병사는 집에 계시는 어머니에게 "어머니! 부대로 한번 면회 한번 와 주세요" 말하는 것이었다.

"내가 가냐 돈이 가지"

그때 병사의 어머니가 큰 소리로 "내가 가냐 돈이 가지" 하면서 면회를 갈 수 없다고 답하시는 것을 들은 기억이 아직도 생생하다.

그때 시절은 우리 사회가 풍족하지 않은 시대였기에 먼 거리를 가족들이 부대로 면회를 온다는 것은 쉽지도 않았고, 고향에 계시는 부모님에게 안부 전화한다는 것도 참으로 어려웠다.

개인 시간은 자유롭게 활용

그런데 요즘은 핸드폰이 있어서 언제 어디서나 연락이 가능한 세상이다. 군대에서도 일과시간 후에는 저녁 9시까지 핸드폰으로 자유롭게 전화도 하고, 보고 싶은 콘텐츠를 보는 등 소통이 잘 되고 있다. 게다가 주말은 평일 보다 여유롭게 전화 통화를 할 수 있으니 얼마나 좋은지 모른다.

각자의 시간이 많이 필요한 것 같다

 예전 병영생활은 저녁 일과 후에 여유시간이 많아서 선임이 후임을 괴롭히고 구타가 더 심했던 것 같다. 그만큼 요즈음은 핸드폰으로 하는 일들이 많아서 남에게 신경 쓸 일이 그다지 많지 않고 개인 시간은 자유롭게 활용하며 생활하는 경우가 많아진 것 같다. 휴대폰 사용으로 병영생활이 예전보다 부조리가 줄어든 인상을 받았다.

손자로부터 전화가 오면 하루 종일 싱글벙글

 가족 중에 아들의 전화를 가장 기다리는 분이 어머니이시다. 어머니는 손주 가운데 우리 집 장손이 군대에 가서 건강하게 전역하기만을 학수고대하고 계셨다.

 그런 손자로부터 전화가 오면 하루 종일 싱글벙글 웃고 계신다. 덩달아 우리까지 기분이 좋아진다.
일과가 끝나는 시간이 지나 저녁 시간이 되면 휴대폰의 가족 단톡방을 보면서 부대에 있는 아들의 근황을 알 수가 있어서 참 좋았다. Story 5

❻ 취침 후 연등

 아들은 가끔 일과 후 전화를 통화하면 "어제 연등 하느라 오늘 하루 피곤했다"고 하였다.

 처음에는 무슨 말인지 몰랐다. 그냥 부대 훈련의 일종으로 알았다. 내가 아는 '연등'이라는 단어는 대개 불교나 사찰에서 사용하는 용어였기 때문에 조금 의아했다.

 나중에 알게 되었는데 '연등'은 부대에서 취침 시간인 오후 10시부터 12시 사이에 허락을 받아 자기 계발을 하는 것이라고 한다. 즉 전등 켜는 시간을 연장한다고 해서 '연등'이라는 것이다.

 최근 부대에 학습공간이 잘 갖추어져 있다 보니 도서관에서 수능, 자격증 공부를 하거나 '사이버지식정보방'이라는 곳에서 인터넷 강의를 수강한다고 한다.

점호 후 연등 시간에 공부하는 아들

 내가 군대 생활을 할 때는 취침 점호 후에는 고참(선임)들이 내무반에서 라면을 끓여 먹는 일 이외에는 모두가 잠자리에 들어야 했는데, 요즘은 점호 후에 연등이라는 자기 계발 시간이 있어서 신기하게 보였다.

군대에서 자기 계발을 한다는 개념이 없던 시절, 음어 경연대회를 나가기 위해서 틈틈이 공부한 적이 있다. 몰래 화장실에 가서, 불침번 근무 시간에, 산 정상에 있는 OP로 보초(경계근무)를 하기 위해 산을 오르거나 내려올 때 작은 종이에 음어 숫자를 적어 음어 자판을 암기하던 군 생활이 생각난다.

군이라는 특수환경에서 최선을 다하는 아들

아들이 훈련기간을 제외하고 매일 밤 도서관에서 공부를 한다고 들으니 군이라는 특수환경에서도 최선을 다하는 아들의 모습을 보고 대견하면서도 건강이 걱정되기도 하였다. 그래도 모두가 잠든 시간에 꿈을 위해 달려가는 아들을 응원한다.

Story 6

❼ 경연대회 도전기

사회든 부대든 단체조직에서는 조직의 단합과 역량 발휘를 위해 다양한 대회를 개최한다.

나도 강원도 최전방 사단 본부 통신대대에서 근무하던 시절 가장 인상 깊은 기억이 주특기경연대회에 참가한 것이었다.

주특기경연대회 · 음어경연대회 · 웅변대회 참가하던 그때

　우리 부대는 통신대대 중 무선을 활용하는 중대이기에 훈련을 나가면 통신전용 박스차량을 타고 산 정상에 가서 통신을 개통하는 임무를 수행하였다.

　통신 분야 장병들의 주특기 능력향상을 위한 동기부여 차원에서 정기적으로 통신 주특기경연대회가 개최되었다.

　이 대회는 통신망 개통 시간 단축과 통신 전송 품질향상을 통해 유사시 단절 없는 지휘통신 체계를 구축하기 위한 부대 대항 훈련이었다.

　대대·사단·군단별로 대회가 있을 때마다 부대를 대표하여 참가하였다. 밤새 음어 연습·교본 암기 등 실전연습을 하고 우승하여 포상 휴가를 받은 기억이 있다.

　당시 설악산 한계령 등 높은 산 정상에 올라가 눈이 쌓여있는 야외에서 추위에 떨면서 통신 개통 훈련을 하였는데 지금 하라고 하면 쉽게 나서지 못할 것 같다.

아들도 군대에서 적극적으로 경연대회 참가

기회가 왔을 때 주저 없이 도전하는 경험이 인생의 자양분이 되는데 아들도 군대에서 적극적으로 경연대회에 참가했다는 말을 듣고 아들이 나와 비슷하다고 느꼈다.

아들은 대회 홍보 공문을 보고 한번 해 보고 싶다는 마음이 들어서 선임·동기·후임을 설득하여 참가했다.

부대에서 뮤지컬형식 군가 가창대회 참가

단순히 군가만 부르는 것은 차별성이 없다고 생각해서 뮤지컬 형식으로 도전하기로 했다고 한다.

아들은 2개월 기간 동안 틈틈이 대본을 작성하고 무대 소품을 만들어 대회 연습을 했다고 한다. 다행히 참가한 전우들도 최선을 다하였고 우수상을 받아 전 부대원들이 포상 휴가를 받았다고 한다.

우리 가족은 아들이 경연대회 참가한 일을 신나게 이야기하는 것을 듣고 '나를 딱 닮았네'하고 아내랑 한참 웃었던 기억이 난다.

도전하는 순간 성장하는 자신을 발견

 군대에서 고된 일과 이외에 새로운 일에 도전하는 것이 쉬운 것은 아니다. 그 시간에 유튜브를 보며 놀거나 푹 쉬면서 피로를 해소할 수 있기 때문이다.

 하지만 귀찮음을 이겨내고 도전하는 순간 성장하는 자신을 발견하게 된다. 덤으로 시간도 빠르게 지나간다. 군대에서든 사회에서든 일단 도전하는 순간 자체가 포상 휴가가 아닐까 생각해 본다. Story 7

⑧ 휴가 중 휴가를 얻다
(국군 휴가 보상 프로그램)

내가 군대에 복무하는 시절의 휴가는 정기휴가와 포상휴가 정도였는데, 요즈음은 다양한 휴가제도가 있다고 한다.

요즘 군대는 군 복무기간 중에도 영내에서 밖으로 나갈수 있는 방법이 외출·외박·정기휴가·포상 휴가·청원휴가 외에 국군 휴가 보상 프로그램이 있다는 것을 군에서 휴가 나온 아들을 통하여 알게 되었다.

국군 휴가 보상 프로그램은 국군 장병의 정신전력과 호국 안보 정신을 강화하기 위해 독립기념관 등 호국시설을 방문하여 관람하며 호국 안보정신을 함양할 수 있는 제도로, 이러한 프로그램은 2023년 8월부터 전군(육군·해군·공군)에 확대 시행되었다고 한다.

국군 휴가 보상프로그램 · 육군 본부 군 견학 보상 제도

국군 휴가 보상프로그램 가능 기관으로는 천안 독립기념관, 용산 전쟁기념관이 있으며, 천안 독립기념관에 방문 시 휴가 1일을 부여받는다. 이외에도 육군 본부 군 견학 보상 제도로 휴가 중인 육군 병사는 견학 시 외출 1일을 보상을 받을 수 있는 기관으로는 전남 순천에 있는 호남 호국기념관, 부산광역시 남구에 소재하는 유엔 평화기념관, 서울특별시 용산구 효창동에 있는 백범 김구 기념관, 서울특별시 중구 남산에 있는 안중근 기념관이 있다.

아들과 함께 백범기념관 방문

설 연휴에 아들이 휴가 나왔다가 가족들과 함께 백범기념관에 다녀왔다. 백범기념관은 서울에 살면서 근처를 지나가 본 적은 있었지만, 직접 방문한 적은 없었는데 아들 덕분에 방문하는 기회를 갖게 되었다. 평소 관심이 없다면 그냥 지나쳤을 공간에서 역사공부도 하고 애국심도 생기니 일석이조라는 생각이 들었다.

아들은 이러한 제도를 이용하여 소중한 휴가를 알차게 활용하였다. 다만 부대별로 제한사항이 있다고 하니 해당 기관을 방문하기 전 사전에 소속 부대에 문의하고 방문하기를 권한다.

⑨ 국방부 유해 발굴 감식단 시료 채취를 위한 첫 면회

오늘은 아들 면회 가는 날이다.

정확히는 면회라기보다 6.25 전쟁 때 시신을 찾지 못한 큰아버지를 찾기 위해 국방부 유해발굴감식단 시료 채취를 하기 위해 아들 부대에 방문하는 날이다.

아버지는 평생 살아가면서 마음속으로 큰아버지를 기다리셨다. 6.25 전쟁 때 참전하신 바로 위 형님이 전사하셨는데 아직도 시신을 찾지 못하고 있었다.

아버지는 헌병 군복을 입은 잘생긴 모습의 큰아버지 사진을 보여주면서 그때 상황을 자식과 손자들에게 이야기를 들려주시곤 하셨다.

(군대에 간 아들이 태어나기 전) 1990년, 아버지는 우연히 신문에서 "6.25 전쟁 때 행방불명자는 부모나 형제가 국방부에 전사자 신청하라"는 내용의 기사를 보셨다.

아버지는 큰아버지 군번을 찾아서 곧장 서울에서 근무하고 있던 나에게 기사에 대하여 말씀하셨다. 나는 신문 기사 내용을 듣고 바로 국방부에 전사자 신청을 하였고, 다행히 군번이 확인되었다. 이후 여러 절차를 거쳐 국립대전현충원 위패봉안실에 큰아버지 위패를 모시게 되었다.

국립대전현충원 위패봉안실은 시신을 찾지 못한 순국선열과 호국영령의 영면을 기원하고 그분들의 위훈을 기리기 위해 위패를 봉안한 곳이다. 위패는 석판에 계급·성명을 기록하여 보존하였다.

국방부에서는 할아버지(큰아버지의 아버지)가 살아 계신 동안 직계존속으로서 연금 수령을 하지 않았는데, 연금 수령을 하지 못한 기간 동안의 연금은 어떻게 할 것인지 부모님께 물어왔다.

6.25 전쟁 이후로도 할아버지가 15년 이상 살아계셨으니 연금 수령액은 상당히 많았다.

연금 수령액 국가에 헌납

하지만 아버지께서는 "형님이 국가를 위해 희생하셨으니 연금을 받는 것보다 그 돈이 다시 국가를 위해서 잘 사용되었으면 한다"라고 하시면서 연금 수령액 전액을 국방부에서 꼭 필요한 데 사용하라고 국가에 헌납하기로 결정하셨다.

연금을 국가에 헌납한 이후 국립대전현충원에서 연락이 오기를 "위패봉안실 새로운 판에 계급과 이름을 새겨 놓았다" 하면서 참배를 할 수 있다는 소식이 왔다.

아버지는 "형님의 유해는 찾지 못했지만 지금 이나마 위패라고 모시게 되어서 다행이다" 하면서 자식들에게 6.25 당시 상황과 현충일에 대하여 설명을 해 주셨다.

아버지는 현충일이 다가오면 자식들에게 국가를 위해 돌아가신 분들에 대하여 여러 말씀을 하셨다. "자식과 형제를 전쟁터에 보낸 유가족들은 돌아오지 못한 혈육을 그렇게 애타게 기다리며 그리워한다. 하나밖에 없는 목숨을 나라에 바친 분들이 계셨기에 현재의 우리나라가 존재한 것이다. 현충일은 국가와 민족을 위해 전쟁터에서 돌아가신 분들과 순국선열을 기리는 날이며, 우리의 후손들이 기억해야 할 것이다. 그래야만 미래에 희망이 있다"라고 말씀하셨다.

신병교육대대 입소식에 갔을 때 국방부 유해발굴 감시단에서 하는 호국보훈사업에 대하여 듣게 되었다.

국립대전현충원에 위패가 모셔져 있는 큰할아버지

6.25전쟁 당시 나라를 위해 목숨을 바쳤으나 미처 시신이 수습되지 못한 호국 용사들의 유해를 찾아 조국의 품으로 모시는 "국가적 차원의 호국보훈사업"을 듣고 아들은 국립대전현충원에 위패가 모셔져 있는 큰할아버지가 생각났다고 한다.

국방부 유해발굴 감식단 시료 채취를 위한 첫 면회

자대배치 이후 아들은 부대 상관에게 말씀을 드려 국방부 유해발굴 감식단 시료 채취 신청을 하였다. 참여 대상은 6·25 미수습 전사자 친가 또는 외가 8촌까지 가능하고, 유가족 유전자 시료 채취 키트를 이용하여 구강 내 타액을 채취를 하는 절차가 있었다.

그래서 아들 부대에 방문하여 부대 위병소 근처에 있는 면회장소에서 시료 채취를 하게 되었다.

고향에 계시는 아버지(시신을 찾지 못한 큰아버지 형제)시료채취가 가장 정확하였지만, 그 당시 아버지는 부대에서 먼 광주에서 살고 계셨고 고령(91세)과 건강이 좋지 않아서 이동하기가 어려워 나와 아들만 시료 채취에 참여하였다.

아직 큰아버지의 시신은 찾지 못했지만 이번 시료 채취를 계기로 언젠가 큰아버지가 가족들 품으로 돌아오기를 기대한다. Story 9

⑩ 김상병 부대로 소풍 가는 날

오늘은 아들이 근무하는 부대에서 가족들을 초청하여 부대개방 행사를 하는 날이다.

4월의 봄날, 아들이 있는 부대에서 가족들을 맞이하기 위하여 많은 것을 준비하고 있었다.

부대방문 몇 주 전부터 참석 여부·참석인원·차량 번호등을 파악하고 있어서 가족들도 참석을 위해 모든 일정을 조정하고 분주하게 보냈다.

부대에 도착하여 보니 정문 위병소에서 출입증을 받고, 우리가 가지고 있는 핸드폰 카메라는 촬영되지 않도록 붙이고, 몇 가지 보안절차를 거친 다음 부대 연병장에 도착하니 벌써 많은 가족들이 도착하여 있었다.

상병 계급장을 단 아들의 늠름한 모습을 보고 아들이 생활하는 생활관, 각종 화기와 장비가 전시된 전시장 등 여러 곳을 다녔다. 부대에서 준비한 각종 화기·장비·군수물자와 전차·장갑차 등 평소 보기 힘든 군용 차량이 전시되어 있었다.

입대하는 날 신병교육대에서 아들의 뒷모습을 보던 때와 다르게 아들이 자랑스럽게 보였고, 즐거운 마음으로 가족들과 개인화기도 만져보고 전차도 타보았다. 점심시간에는 부대 식당에서 점심도 먹고, 부대 내 마트(PX)에서 물건도 사는 등 어린 시절 서울대공원과 에버랜드를 간 아이들처럼 가족들은 아들과 함께 부대 개방 시간을 보냈다.

아들이 군대 생활을 잘하고 있다고 칭찬

 부대에서 아들 직속상관과 부대원들을 만나서 인사드리고 바쁘게 일정을 보냈다. 아들 직속상관이신 행정보급관님·대장님을 비롯해 선임병·동기·후임병 등 여러분들과 인사를 나누면서 모든 분이 아들이 군대 생활을 잘하고 있다고 칭찬을 많이 해주었다.

 우리 가족은 감사 인사를 하면서 아들 부대에서 봄날의 멋진 소풍을 마치고 오는 길에 아들 군 생활에 안도의 한숨을 쉬었다.

⑪ 할아버지 장례식에 참석한 아들

2024년 7월 1일, 아버지께서 향년 92세로 돌아가셨다.

휴가 나온 아들이 나를 대신하여 장례식에 참석

아들은 군대에서 휴가를 나와 할아버지 병문안을 한 후 부대에 복귀하기 위해 기차역에 도착했는데, 열차 탑승 직전에 할아버지 임종 소식을 듣고 다시 병원으로 돌아가서 장례식 준비를 했다.

나는 삼성서울병원 응급실에서 아들로부터 아버지 임종소식을 듣게 되었다. 당시 나는 다리를 크게 다쳐서 당장 수술을 해야 했기에 아버지 장례식에 큰아들로서 상주 역할도 하지 못했다.

지금도 생각하면 군대에서 휴가 나온 아들이 아버지를 대신하여 할아버지를 모셔서 고마운 마음이다.

수술 이후로 상태가 아직도 안 좋아 아직도 휠체어를 타고 있지만 우리 아들은 나를 위로하느라 "전화위복·새옹지마", "아빠는 럭키가이"라고 자주 말하곤 한다. 고맙고 대견한 아들이란 생각이 자주 든다.

나이 들수록 자식들에게 의지하려는 마음

어른들이 자주 하신 말씀이 "나이 들수록 자식들에게 의지한다"라고 하셨는데, 우리 부부는 예외일 것이라고 생각했지만 벌써 마음은 자식들에게 의지하는 마음이 생기곤 한다.

아버지 병세가 심해진 2023년 1월 1일부터 별세하신 2024년 7월 1일까지 18개월의 기간을 병상에서 생활하셨다. 신기하게도 아버지는 아들이 군복무하는 기간만큼 병마와 싸우며 우리 가족들 곁을 지키셨다.

군대에 간 손자까지 만나고 세상을 떠나신 아버지

　방첩대에서 군복무하신 아버지는 항상 손자가 군대에 간 사실을 언급하시며 "빠따 많이 맞을텐데", "고생 많겠다"며 아들 걱정도 많이 하신 정 많은 분이시다.

　아버지께서는 마지막 순간에도 군대에 간 손자까지 만나고 세상을 떠나신 복이 많으신 분이시다. 하늘나라에 가셔서 아버지께서는 그토록 보고 싶어 했던 아버지의 형님을 만났으리라 믿는다.

⑫ 훈련 중 머리를 다친 아들

입대한 첫해 겨울 연말에 아들이 외박을 나왔다.

반가운 마음으로 아들을 맞이하고, 함께 저녁 식사를 하며 오랜만에 가족들이 한데 모여 즐거운 시간을 보냈다.

그런데 다음날 아들이 부대에서 훈련 중에 머리를 다친 사실을 알게 되었다. 딸이 동생의 다친 머리 상처 부위에 약을 바르면서 자세한 상황을 알게 된 것이다.

아들이 훈련 중 머리를 다쳐서 국군병원 응급실로

아들은 부대에서 지휘소 설치를 하는 훈련을 하던 중 위장망 세움대가 부러져 떨어지면서 머리를 가격하여 머리가 찢어졌다. 부대 의무진료센터에서 지혈 후 국군병원 응급실로 후송되어 봉합을 하였다고 한다.

아들은 가족들이 걱정을 할 것 같아서 알리지 않고 치료가 어느 정도 되고 나서 3주 후에나 외박을 나와서 다친 상황을 알려주었다.

나도 40대에 머리를 다친 적이 있었다. 그 당시 '괜찮겠지' 하고 그냥 지나갔는데 나중에 직장 생활하면서 심한 두통 등 어려움을 겪은 경험이 있어 아들의 부상이 걱정 되었다.

일반적으로 직장 출·퇴근 시 다쳐도 업무상 재해로 인정이 되고 있는데, 부대에서 훈련 중 사고로 머리를 다쳤기에 앞으로 어떤 후유증이 나타날지 몰라서 공상으로 처리 절차를 알아보기로 하였다.

부대에서 공상 처리와 관련해서 상급 부대와 의무 계통으로 확인하여 주기로 하였다. 그래서 공상 처리 부분 관련해서 서류 준비를 시작하고 아들이 군 병원을 방문하여 준비 서류를 확인하였다.

또한 부대에서도 국민건강보험공단에서 아들의 최근 10년간 건강보험 요양급여 내역을 발급받아 주라고 연락이 와서 국민건강보험공단을 방문하여 필요한 서류를 제출하였고, 국민건강보험공단 지사에서 직접 부대와 통화하여 서류를 발급하여 주었다.

육군 보통 전공상심사위원회 공상 처리 의결

그 이후 부대에서 문서를 육군본부로 접수하고 심사를 거친 다음 최종 육군 보통 전공상심사위원회에서 공상 처리로 의결되어 심사대상자인 아들에게 결정서가 통보됨으로써 공상 처리가 완결되었다.

군 복무하면서 절대로 다치지 않는 것이 좋겠지만, 아들의 사고를 신속하게 대처하고 공상 처리 절차를 일사천리로 진행하여 준 부대 관계자와 특히 행정보급관님에게 다시 한번 감사를 드린다.

**오늘도 대한민국을 지키기 위해서 군복무를 하고 있는
모든 군인들이 아무탈 없이 건강하게 근무하기를 바란다**

2025년부터 군인의 공무상 재해 추정제도(공상추정제)가 시행

올해부터는 질병과 업무의 연관성을 증명하지 않고도 '공무상 재해'를 인정받을 수 있는 '군인의 공무상 재해 추정제도(공상추정제)'가 시행된다고 한다.

앞으로 군인들도 공무수행 중 상당 기간 유해·위험요인에 노출되어 질병·장해를 입거나, 공무상 사고로 인한 부상 시 공무상 재해로 추정하게 된다고 한다. 국군장병들이 나라와 국민을 위해 헌신하는 만큼 국가가 예우를 해주는 것 같아 다행이다.

⑬
매주 토요일은
군종병

아들에게 토요일은 특별한 날이다.

아들이 있는 부대에는 성당 미사가 토요일에 집전되기 때문이다. 성당에 가는 날은 행복해 보인다. 본인 업무와 별도로 임명직 천주교 군종병 역할도 수행한다고 했다.

임명직 천주교 군종병 역할도 수행

 언젠가 아들에게 왜 그리도 열심히 성당미사에 가는지 물어보았다. 아들은 '신과 약속을 했기에 미사에 빠지지 않는다'고 하였다.

 나는 열심히 직장생활을 하던 중 2017년 늦가을 신장암 판정을 받고 병가를 내고 삼성서울병원에서 수술을 받았다. 그 이후 복직하여 잘 지내다가 2021년 봄에 신장암이 전이가 되어 다시 수술을 받게 되었다.

 내가 두 번째 수술을 받을 때 아들은 학업과 여러 가지로 힘든 시기였던 것 같다. 그때 성당에 가서 하느님께 약속하였다고 한다.

> '주님, 저 앞으로 절대 미사 빠지지 않을 테니까
> 제발 아빠 좀 살려주세요.
> 시험 합격하는거, 성공하는거 안 바랄게요.
> 그냥 아빠만 건강하게 살 수 있게 해주세요.
> 무슨 수를 써서라도 매주 안 빠지고 성당 갈게요'

 아들이 하느님께 매달리는 기도문은 부대 군종 콘텐츠 공모전에 출품한 글을 보고 알게 되었다.

아들은 성당에 가겠다는 신과의 약속을 지키기 위해 부단히 노력한 것 같았다. 언젠가는 독감으로 도저히 성당을 가지 못하는 상황에서 집에서 유튜브로 실시간 중계되는 미사를 드린 것을 보고 아들의 진실된 마음을 느낄 수 있었다.

그저 아들에게 미안한 마음뿐이다. 내가 건강 관리를 소홀히 하여 두 번씩이나 수술을 받음으로써 아들이 아빠의 건강을 위해 노력하는 모습을 보고 그저 미안하고 고맙기만 했다. 그래서인지 아들의 의젓한 모습을 대견하게 바라보고 있는 내 자신을 발견하게 된다.

앞으로도 자식들이 내 건강 문제로 신경을 쓰게 해서는 안 되는데 마음대로 되지 않아서 그저 안타까울 뿐이다.

특히 딸에게는 더욱 미안할 뿐이다. 아들이 군에 있는 동안 사고로 다리까지 다쳐서 큰 수술을 하고 지금 8개월째 휠체어를 타고 있다. 종로구 인왕산 아래에 살고 있어서 삼성서울병원이 있는 일원동까지는 상당한 거리이기에 병원을 수시로 다녀야 하는 치료과정이라서 직장생활을 하는 바쁜 딸에게 도움을 많이 받고 있어 고맙다.

어서 빨리 휠체어에서 해방되기를

 신과의 약속을 지키기 위해 매주 성당을 다니는 아들과 아빠의 건강을 염려하는 딸을 봐서라도 휠체어에서 해방되어서 혼자 산책도 하고 지하철도 타고 운전도 할 수 있기를 진심으로 바라고 소망한다. Story 13

⑭
아들 귀대
시간마다
조마조마한 마음

　아들이 부대에서 외출이나 외박 그리고 휴가를 나오면 반가운 마음은 잠깐이다.
아들이 귀대 시간에 맞추어 부대에 들어가야 한다는 생각에 신경이 쓰인다.

가족들과 즐거운 시간을 보내다가도 아들은 어디선가 걸려온 전화를 받고 "필승! 통신보안!"이라고 말하며 부대복귀 계획에 대해 보고한다. 부대복귀시간에 가까워질 때 부모의 마음으로 아들을 재촉하며 목소리 톤이 높아지고 있는 나를 발견한다.

아들이 부대에 도착했다는 문자가 오면 그제서야 안도의 한숨이 나온다.

내가 너무 예민한 것일까?

아들이 휴가 나오면 귀대시간이 항상 걱정

강원도 고성군(속초 근처)에서 군대 생활을 한 나는 워낙 먼 거리인지라 휴가 나와서 복귀하는데 하루가 걸려서 때론 늦게 도착할까 걱정을 많이 해서 그런지 그때 생각에 왠지 아들이 휴가 나오면 귀대하는 시간이 항상 신경이 쓰이곤 한다.

아들아! 이제는 전역하고 나니 귀대 시간에 신경 쓰이지 않아서 마음이 편하구나!

⑮ 항상 필승을 외치는 어머니

 고향에 계시는 부모님에게 매일 아침 6시경에 전화로 문안 인사를 드린다.
작년에 아버지 돌아가셔서 지금은 어머니께 전화를 드리고 있다.

 어머니께서는 아침 전화에서 통화가 끝날 때는 군대에 있는 손자를 기억하며 항상 "오늘도 필승하자" 하신다.

'우리 오늘도 필승하자' '필승'을 외치시는 어머니

 손자가 군대에서 '필승'으로 경례를 하고 있으니, 할머니께서는 손자가 군 복무기간 내내 모든 전화 인사에는 필승을 외치며 전화를 끊는다.

 손자가 제대한 후에도 습관이 되어서 오늘 아침에도 어머니는 "우리 오늘도 필승하자" 하시면서 구호 '필승'을 외치신다.

 아마 당분간은 필승 구호가 귓가에 계속 머무를 것 같다.

⑯ 휴가를 시험장에서 보낸 아들

　사람이 살다 보면 본인도 모르게 가족의 영향을 받으며 살아가는 것 같다.

　군 생활 이야기를 듣다 보면 아들이 부모의 영향을 많이 받고 있다는 것을 발견하곤 한다. 여기서 잠깐 내가 군 생활하던 1983년~1985년 군대 이야기를 해 볼까 한다.

대학 2학년 1학기를 마치고 휴학한 후 시험을 준비하다가 83년 1월 추운 겨울 입대를 하게 되었다. (그러고 보니 아들은 반대로 여름에 입대하여 가장 추운 1월에 제대하게 되었다.)

나는 논산훈련소에서 교육을 마치고, 대전에 있는 육군통신학교에서 후반기 교육을 받고 최전방 강원도 속초 위 고성군에 있는 22사단 본부 통신대대로 자대 배치를 받게 되었다.

육군통신학교 통신 병과에서 우수한 성적으로 졸업을 하고 육군 통신학교 조교로 군 복무를 희망하였는데 졸업 당시 TO가 없어서 용산역에서 원주를 거쳐 강릉에 도착하여 버스로 최전방 강원도 고성군으로 자대 배치를 받았다.

포상휴가를 가기 위해 각종대회 참가

그 당시에는 구타가 심해서 매일 맞고 살았다. 그래서 부대를 잠깐이라도 벗어나는 포상 휴가를 가기 위해 군부대에서 실시하는 각종 대회에 참여하였다.

웅변대회·음어 경연대회·주특기 경연대회 등 모든 대회마다 "일병 김록환" "상병 김록환"을 외치면서 참여하였다. 그래서 웅변대회 우승을 하여 첫 포상 휴가를 나오게 되었다.

어머니는 전방에 있는 아들에게 면회를 가고 싶었지만, 강원도 고성군이 너무 멀기도 하고 집을 새로 신축하고 있어서 엄두를 못 내었다고 한다.

또한 두 번째 집을 지으면서 주택 건축비를 충당하느라 은행 대출을 받아서 생활의 여유가 없었다고 한다.

포상 휴가 5일, 집에 가는데 하루, 복귀하는데 하루

그 당시 포상 휴가는 대개 5일이었는데 집에 가는데 하루, 복귀하는데 하루 그래서 이틀이 걸린다.

강원도 고성에서 속초까지 버스를 타고 나와서, 다시 속초 터미널에서 강릉까지 가서, 강릉에서 고속버스로 대관령 고개를 넘어서 서울강남고속터미널에 도착한다.

서울에서 다시 광주로 가는 버스 또는 기차를 타고 집에 도착하기까지 시간도 참 많이 걸리고 먼 거리였다.

강원도 고성 → 속초 → 강릉 → 서울 → 광주

휴가 나온 아들에게 '언제 부대에 복귀하느냐'

아들이 휴가를 나올 때는 어머니가 정말 반가워서 처음에는 맨발로 뛰어나오셨는데, 포상 휴가를 자주 나오다 보니 나중에는 휴가 나온 아들을 보고 '언제 부대에 복귀 하느냐?'하고 물어보며 걱정이 되었다고 했다.

그 당시에는 휴가를 나갔다가 부대 복귀할 때는 고급 빵이나 떡, 치킨 등 부대원들에게 먹을 것을 준비해 들어가야 했다.

하지만 포상 휴가를 한두 번도 아니고 자주 나오다 보니 아들은 보고 싶은데 다시 부대로 들어갈 때는 아들 손에 무엇인가 준비해서 부대로 보내야 하니 걱정이 되었다고 말씀하셨다.

정기휴가를 제외하고 여러 차례 포상 휴가를 받았기에 부대에서는 내가 다리미로 군복을 다리고 있으면 부대원들이 "또 휴가 가냐"고 물어보며 부러움의 시선을 보냈다.

한편으로는 미안하기도 했지만, 휴가 가는 동안은 집합되어 선임들에게 구타를 당하지 않기에 정말로 마음이 편했다.

휴가 중 공무원 시험 응시하여 제대 후 근무

요즘 청년들은 취업하는데 정말로 고생을 많이 하고 있다. 우리 때에는 공무원 시험도 고등학교 졸업하자마자 합격하여 근무한 사람들이 많았다.

요즈음은 워낙 경쟁이 심하여 대학을 졸업하고 공무원 시험학원에서 몇 년간 공부하여 준비하는 등 시험 합격하기가 어려운 것 같다.

하지만 예전에는 군에서 휴가 나가서 공무원 시험 보고 합격하여 제대하고 근무도 하는 등 취업 관문이 그렇게 어렵지 않았다.

요즘 젊은 세대는 휴가 나와도 예전에 내가 군복무했던 시절과는 완전히 달랐다.

처음에는 아들에게 "부대원들에게 나눠줄 간식 좀 가지고 가야지" 하고 물으면 손을 저으면서 요즘은 외부음식반입이 불가하고 부대 들어가서 복귀 신고만 하면 된다고 하였다.

한편으로는 편하면서도 무엇인가 보내지 못해 미안함과 허전함이랄까? 그런 마음이 들었는데, 나중에는 부대 복귀 시간에만 신경을 쓰고 다른 것은 편하게 생각하게 되었다.

세 번의 휴가를 시험장에서 보낸 아들

내가 휴가 중에 시험을 본 것처럼 아들도 세 번의 휴가를 군대 입대 전 준비한 시험의 '모의고사'를 보는데 사용했다.

월요일부터 토요일까지 매일 8시간 이상을 책상에 앉아 시험을 본다는 것이 쉽지는 않았을 텐데 지친 모습을 보이지 않고 끝까지 시험을 치른 아들을 보면 짠하기도 하면서 대견하기도 하였다.

⑰ 부대 성당에서 아들과 함께 미사를 드리다

아들은 매주 토요일 부대 내에서 성당미사를 드린다.

아들이 병장 계급장을 달고 근무하고 있던 10월의 토요일 가을 날. 우리 가족 모두는 아들 면회 겸 부대 성당에 미사 드리러 가기로 했다.

부대에 면회 간 토요일 오후는 집에서부터 날씨가 쾌청하고 좋았다.

부대 정문 위병소 주차장에 차를 주차하고 내려서 하늘을 바라보니, 파란 하늘이 참으로 맑게 보였고 공기는 상쾌하면서 신선한 느낌이었다.

미사시간이 오후 4시여서 우리 가족은 3시에 아들 부대 면회장으로 갔다. 카페 분위기가 있는 부대 면회장에서 아들이 반갑게 맞아주고 부대 안 도로를 따라서 성당으로 걸어갔다.

성당으로 가는 길이 너무 좋아서 휠체어를 타고 이동하였지만 평화로운 느낌이었다.

부지런히 미사를 준비하는 아들

아담한 부대 성당에는 제대를 기준으로 왼쪽 좌석에 9~10명의 군인들이 앉아 있었고, 아들은 앞에서 부지런히 미사 준비를 하고 있었다.

제대 오른쪽 좌석에 자매님이 피아노를 치고 있었고, 군인이 아닌 민간인 봉사자들과 가족분들 7~8명이 성가를 부르고 있었다.

우리 가족은 내가 휠체어를 타고 있어서 뒷쪽에 자리를 잡고 아내와 딸이 나란히 앉아 미사를 드렸다.

미사가 끝나고 신부님께서 오셔서 인사를 나누고 민간인 가족들도 반갑게 맞아 주셨다.

가족과 함께 미사를 드린 후 표정이 환하게 빛난 아들

　우리 가족은 미리 잘라 온 단감과 부대 근처에서 준비한 치킨과 피자를 내어놓고 미사에 참석한 분들과 함께 정담을 나누며 친교의 시간을 갖게 되었다.

　아들은 오랜만에 가족과 함께 미사를 드린 것이 좋았는지 싱글벙글 표정이 환하게 빛나는 모습이어서 우리 가족은 편안한 마음으로 고향에 온 느낌이었다.

　부대 성당에서 위병소 면회장까지 오는 길이 공기가 맑고 상쾌하여 이곳에서 근무하는 아들에게 몇 번이고 좋은 부대라고 말하며 자주 오고 싶다고 했다.
진즉 자주 면회를 올 걸 하면서 아들이 제대하기 전 한 번이라도 더 가고 싶었는데 그러지를 못해서 아쉬운 마음이 든다.

　어릴 적 고향 시골 마을 한가운데 햇빛이 잘 비추고 전망 좋은 교회가 연상되어 가끔씩 아들 부대 성당이 생각난다. Story 17

⑱ 대한민국 군인 부모로 산다는 것

밤에 잠을 자려고 하는데 거실에서 딸의 다급한 음성이 들려왔다.

"아빠! 어서 거실로 나와 보세요. 계엄이 선포되었대요"
이 말을 들은 순간 군대에 간 아들 생각이 났다.
가슴이 철렁 내려 앉았다.

거실로 나가 TV를 보니 국회의사당에서 경찰과 사람들이 서로 밀치며 소리를 지르고 있었고, 조금 있으니 헬기가 보이고 군인들이 국회의사당 안으로 들어가 유리창을 깨는 모습이 보였다.

전역을 앞두고 있는 아들이 걱정 되었다

TV를 보는 내내 군대에 간 아들이 전역 전 마지막 휴가를 나온다고 했던 말이 생각났다. 겁을 먹은 딸을 진정시키는 말을 하며 나도 속으로 걱정이 되었다.

아들 부대가 과거 12.12때 출동한 부대라고 들었는데 〈서울의 봄〉 영화 장면도 생각나고 휴가는 고사하고 제대는 할 수 있을까 하는 여러 생각이 들었다. 그저 멍하니 보고만 있었다.

대한민국 모든 군인들이 안전하고 무사하길 기원한다

 군대에 자녀를 보낸 부모님들의 마음은 모두 같을 것이라고 생각한다. 나라를 지키는 자식이 대견하면서도 무탈했으면 하는 마음에 가슴 졸이며 사는 일상. 자녀가 근무하는 곳이 최전방 GOP든, 레바논 동명부대든 뉴스에 관련 단어만 나와도 관심을 기울이게 되는 마음.

 급변하는 국제정세와 국내정치 상황 속에서 국군장병들이 안전하고 무사하게 집으로 돌아가길 부모의 마음으로 기원해본다.

전역을 명 받았습니다!

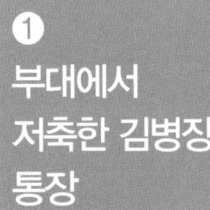

① 부대에서 저축한 김병장 통장

아들은 군대 입대 전에는 학생으로 일정한 수입이 없었다. 그러다 보니 가족 친지들이 가끔 주는 용돈 외에는 돈을 모아 본 적이 없었다.

월 급여 + 장병 내일 준비 적금

입대하여 보니 월 급여 외에 장병내일준비적금이 있어서 자연스레 통장을 만들게 되었다고 한다. 장병내일준비적금은 고금리 적금 상품, 매칭 지원금, 비과세 적용으로 전역 후 새로운 시작을 하는데 큰 도움이 된다고 했다.

2024년 기준으로 현역병의 월 보수 금액은 계급에 따라 병장 1,250,000원, 상등병 1,000,000원, 일등병 800,000원, 이등병 640,000원이다. 월급이 계급에 따라 각기 달라서 병사들은 진급하는 일자에 관심을 가진다고 했다. 군 복무 중인 병사들에게도 매월 받는 월급은 중요한 요소 중 하나라고 생각된다.

아들은 제대할 때 통장 2개, 2천만원 정도를 저축하게 되었다

　아들은 군대 생활을 열심히 하여 상병에서 병장은 남보다 빠르게 승진하였다고 한다. 특등사수와 체력기준 등을 통과하여 특급전사가 된 덕분에 병장 진급도 남들보다 1개월 먼저 하게 되었다고 하길래 '사회에서도 승진하는 맛으로 근무한다'고 말해 주었다.

군에서 모은 돈으로 전역 후 시험 준비

아들은 조금씩 쌓여가는 통장 금액을 보고 왠지 뿌듯하기도 하고 욕심도 생기게 되었다고 했다. 아들은 군에서 모은 돈으로 전역 후 부모 도움을 받지 않고 시험 준비를 할 수 있다고 말하는 것을 듣고, 아들이 원할 때 군대에 가도록 해 줄 걸 하는 생각이 나시 들었다.

또한 아들은 어른들이 '티끌 모아 태산' "저축만큼 좋은 것이 없다"라는 말을 이제야 이해된다고 하였다.

아무튼 군 복무 18개월 동안 매월 모은 월급과 휴가 나왔을 때 가족과 친지들이 고생한다고 준 용돈을 모아 제대할 때는 통장 2개에 2천만원 정도를 모으게 되었다. 그래서 군 전역 후 조그마한 오피스텔 보증금을 낼 수 있었다.

이병에서 병장 월급으로 전역 통장 총 2,020만원 수령 가능

올해 2025년부터는 병장 월급이 월평균 205만 원이 된다고 하니, 예전과 달리 병역의무를 하는 현역 군인들에게 합당한 보상을 해주는 것 같아 다행이다. 앞으로 더 많은 저축을 하여 제대 후 뿌듯한 통장이 되리라 기대한다.

1983년 이등병 월급은 3,200원
1985년 병장 월급은 4,500원

이병 130만원(월 봉급은 75만원, 매칭지원금 55만원)
일병 145만원(월 봉급은 90만원, 매칭지원금 55만원)
상병 175만원(월 봉급은120만원, 매칭지원금 55만원)
병장 205만원(월 봉급은150만원, 매칭지원금 55만원)

 복무기간 18개월을 기준으로 월 55만원 납입시 병사는 전역할 때 2,000만 원이 넘는 금액 수령 가능(매칭지원금 990만원 원금과 은행 금리 5% 내외를 합친 1,030만원으로 총 2,020만원) Story 1

❷ 군에 간 아들이 아버지에게 보낸 편지

사랑하는 아버지에게

아버지, 저는 내일 휴가 출발을 앞두고 연등을 하며 이렇게 편지를 쓰고 있습니다. 밤공기가 선선해지고 새벽이슬이 맺히면서 어느새 여름이 지나가고 가을이 왔다는 생각이 듭니다.

그리고 제 군 생활도 이등병 시절을 지나 전역을 앞둔 병장이 되었다고 생각하니 격세지감을 느낍니다.

제 인생에서 가장 빠르고 행복하게 지나간 시간

'국방부 시계는 거꾸로 매달아 놓아도 간다'는데 저는 군대에서 보낸 세월이 제 인생에서 가장 빠르고 행복하게 지나간 것 같아 뿌듯합니다.

오히려 여기 이 공간, 제가 맡은 업무, 이곳 사람들에게 정이 들어 떠나기 아쉬울 정도입니다.

아버지를 닮아 열심히 한 군 생활

아버지도 그러셨을까요?
아버지가 지금까지 들려주신 군 생활과 제 군 생활을 빗대어 보면 저도 아버지를 닮아 군 생활을 정말 열심히 한 것 같습니다.

피는 못 속여서 아버지 성격을 그대로 물려받은 것인지, 어릴 적 아버지 무용담을 들으며 무의식 속에 아버지처럼 열정적으로 살아야겠다고 다짐한 것인지 모르겠지만 분명한 건 아버지는 제게 큰 영향을 준 사람이라는 것입니다.

아버지로부터 배운 지혜가 살아가는데 큰 힘

군대에서 후임들을 돌보며(?) 자식 교육의 어려움도 간접적으로 느끼지만, 제가 아버지로부터 배운 지혜가 삶을 살아가는데 큰 힘이 된다는 것을 절실히 깨닫습니다.

어려운 위기를 만났을 때 좌절하고 회피하는 후임들을 보며 그들이 우리 아버지 같은 부모를 만나 "전화위복, 새옹지마"를 들으며 자랐다면 어땠을까 상상을 해봅니다.

 결과에 상관없이 새로운 도전을 해보고, 남들이 엄두를 내지 못하는 길을 개척하는 아버지를 보며 니체가 말한 '초인'이 떠 오르기도 합니다.

사랑하는 아버지!

　제가 한 때 아버지에게 모진 말을 해 심장에 비수를 꽂은 말이 많았지만, 저도 아버지를 닮아 화가 날 때 마음에도 없는 소리를 항의하듯 내지르는 것 같습니다. 죄송하고 송구스러울 따름이지만 진심으로 역경 속에서 웃음을 잃지 않고 세상에 찬란한 빛을 선사하는 아버지가 존경스럽고 위대하게 느껴집니다.

　세상에서 가장 사랑하는 아버지!
생신 축하드리고 제 아버지가 되어 주셔서 감사합니다.
사랑합니다. Story 2

2024. 10. 15.
아들 올림

❸ – 첫번째편지
아들이 어머니에게 보낸 편지
(입대 2주 후 신병교육대에서 개인 사물을 집으로 보내면서)

사랑하는 어머니께!

 어머니 하루하루 평안히 지내고 계시나요?
저는 지금 저녁 개인 정비(휴식)시간을 이용해 어머니께 편지를 쓰고 있습니다.

 집에 보낼 택배 박스를 포장하고 나니 이제야 가족들에게 제 소식이 닿을 것 같아 소식을 전하며 이제야 군대에 온 실감이 납니다.

서른이 넘은 아들이 군대에 간다고 어머니도 걱정이 많이 되고 얼떨떨하셨을 것 같습니다. 저는 생각했던 것처럼 정말 재밌게 군 생활하고 있습니다.

이런 게 적성이고 체질인 것 같습니다. 열심히 교육받고 훈련하고 운동하다 보니 벌써 2주가 지나갔습니다.

식당 밥도 지금까지 먹었던 어떤 학식보다 맛있어서 매번 감탄하면서 먹고 있습니다. 그래도 밥은 어머니가 해 준 밥이 제일 입맛에 맞고 맛있습니다. 우리 부대에서 멀리 보면 일산의 아파트들이 보이는데 하늘을 닮은 어머니 생각이 납니다.

저는 이곳에서 나이가 많아 연륜도 있고 적응도 빠르다 보니 동기 동생들의 이야기도 많이 들어주고 상담도 많이 해 주는 아버지·어머니 역할을 하다 보니 어머니의 마음을 조금이나마 이해할 것 같습니다.

그리고 아들을 향한 어머니의 무조건적인 사랑이 얼마나 힘든 것인지 새삼스럽게 느껴지기도 합니다.

저를 어머니처럼 사랑해주시는 주님

어머니가 31년을 사랑으로 키워주신 만큼 저도 군 생활 열심히 해 나라 지키면서 우리 가족들이 발 뻗고 편하게 잘 수 있게 하겠습니다.

그리고 아들 걱정은 전혀 안 하셔도 됩니다. 저를 어머니처럼 사랑해주시는 주님이 항상 지켜 주시기 때문입니다.

어제 부대 내 성당 미사에 가서 신부님과 고해성사를 하며 다시 한번 느꼈습니다. 주님은 먼 미래의 일도 미리 예견하시고 준비해 두시며 모두 이해하신다는 것을요. 지금 설령 움츠려들고 겁나더라도 주님을 믿고 한발자국씩 가보겠습니다.

어머니도 항상 주님 안에서 평화 누리시면서 건강 챙기면서 지내시길 바랍니다.

사랑합니다 어머니. 많이 보고 싶습니다.

2023. 7. 24. 월요일
아들 올림

사랑하는 어머니께

어머니 하루하루 평안히 지내고 계시나요?
저는 지금 저녁 개인정비 (휴식) 시간을 이용해 어머니께 편지를 쓰고 있습니다. 집에 보낼 택배 박스를 포장하고 나니 이제야 가족들에게 제 소식이 닿을 것 같아 군대에 온 실감이 납니다.

서른이 넘은 아들이 군대에 간다고 해서 어머니도 걱정이 많이 되고 얼떨떨하셨을 것 같습니다. 저도 막상 간다고 하니 설레면서 떨리기도 했는데 직접 겪어보니 제가 생각했던 것 처럼 정말 체계적이고 군생활하고 있습니다. 이렇게 적성이고 체질인 것 같습니다. 열심히 교육 받고 훈련하고 운동하다 보니 벌써 2주가 지나갔습니다. 식당 밥도 지금까지 먹었던 어떤 학식보다 맛있어서 매번 감탄하면서 먹고 있습니다. 그래도 밥은 어머니가 해준 밥이 제일 입맛에 맞고 맛있습니다. 우리 부대에서 멀리 보면 일산의 아파트들이 보이는데 하늘을 닮은 어머니 생각이 납니다. 저는 이곳에서 나이가 많아 연륜도 있고 적응도 빠르다 보니 동기 동생들의 이야기도 많이 들어주고 상담도 많이 해주는데 아버지와 어머니 역할을 하다보니 어머니의 마음을 조금이나마 이해할 것 같습니다. 그리고 아들을 향한 어머니의 무조건적인 사랑이 얼마나 힘든건지 새삼스럽게 느껴지기도 합니다.

어머니가 31년을 사랑으로 키워주신 만큼 저도 군생활 열심히 해서 나라 지키면서 우리 가족들 발 뻗고 편하게 잘 수 있게 하겠습니다. 그리고 전혀 걱정 안해도 됩니다. 저를 어머니처럼 사랑해주시는 주님이 지켜주시기 때문입니다. 어제 부대 내 미사에 가서 신부님과 고해성사를 하며 다시 한번 느꼈습니다. 주님은 먼 미래의 일도 미리 예견하시고 준비해두시며 모두 이해해주신다는 것을요. 지금 설령 훈련들로 겁이 나더라도 주님을 믿고 한발자국씩 걸어가겠습니다. 어머니도 항상 주님 안에서 평화 누리시면서 건강 챙기시면서 지내실 바랍니다.
사랑합니다 어머니. 곧 보고 싶습니다.

2023. 7. 24. 월요일   아들 올림

③ – 두번째편지
아들이 어머니에게 보낸 편지
(군 생활 50일째 아들이 어머니에게)

사랑하는 어머니에게

 어머니 그동안 잘 지내셨나요?
저는 군 생활을 한 지 거의 50일이 되어가고 있습니다.
처음 신병교육대에 들어갈 때의 생각처럼 시간이 무척 빨리 지나가는 것 같습니다.

 우리를 낳고 키워주신 어머니의 시간도 저처럼 빨리 지나갔을까요? 눈을 감았다가 뜬 것처럼 느껴지는데 세월의 흔적과 추억의 장면들이 쌓인채 오늘이 왔습니다.

군 생활을 하며 적성에 맞고 매우 만족하며 즐겁게 생활하고 있지만, 군대에서 불편한 점이 있다면 '자유'가 제한된다는 것입니다.

30평생 어머니와 아버지의 든든한 지원 아래 자유를 풍족하게 마음껏 누리다가 군대에 오니, 산소의 소중함처럼 자유가 얼마나 고마운지 새삼 느끼게 되었습니다.

생각해보면 별거 아닐 수도 있지만 정해진 시간에 일어나고, 정해진 시간에 샤워를 하며, 정해진 시간에 세탁을 해야 하는 등 평범한 일상들을 보내며 더더욱 어머니 생각이 났습니다. 어머니는 평생을 이렇게 살아 오셨겠지라고요…

**사람이든 식물이든 '성장'시키는데
온 정성을 다하는 대지의 여신처럼 느껴지기도 합니다.**

한 아이를 임신하는데 드는 시간 10개월. 두 아이를 낳으신 어머니는 아들의 군 생활보다 긴 시간을 자유를 우리에게 양보한 채 사셨겠구나 생각했습니다.

그리고 두 아이를 키우며 일찍 퇴근해 밥을 차리고 집안일을 하며 어머니가 하고 싶고 누리고 싶은 자유시간도 포기한 채 살아 왔을 것을 생각하니 미안하기도 하고 감사했습니다.

이제는 두 자녀가 장성하고 요즘은 텃밭을 가꾸는 재미를 느끼시는 것을 보니 기분이 좋아지면서 어머니는 사람이든 식물이든 '성장'시키는데 온 정성을 다하는 대지의 여신처럼 느껴지기도 합니다.

저는 어머니 덕분에 좋은 자양분을 흡수하며 무럭무럭 자랄 수 있었습니다.

제가 앞으로 사회를 이끄는 재목이 된다 해도 저의 바탕이 되는 어머니는 땅과 절대 떨어져 설명할 수 없을 겁니다. 비옥한 토양에서 좋은 열매를 맺는 참나무가 되어 도토리를 다시 어머니 품으로 돌려드리겠습니다.

신병교육대에 이런 글귀가 있었습니다.
"우리가 흘리는 땀과 눈물은
우리의 어머니가 우리를 낳을 때의 고통에 비하면
아무 것도 아니다"

저는 지금 이 순간이 무척 즐겁습니다. 어머니도 항상 건강하고 행복하셨으면 좋겠습니다.

신병교육대에 이런 글귀가 있었습니다. "우리가 흘리는 땀과 눈물은 우리의 어머니가 우리를 낳을 때의 고통에 비하면 아무것도 아니다"라고요.

　저는 어머니의 사랑을 가늠할 수 없지만 어머니의 사랑만큼 진심으로 사랑합니다. 그리고 저희를 키워주신 어머니의 생신을 진심으로 축하드립니다. Story 3

2023. 8. 27.
아들 올림

③ - 세번째편지
아들이 어머니에게 보낸 편지
(군대에서 두 번째로 맞이하는 어머니 생신에 보내는 아들의 편지)

사랑하는 어머니에게

 벌써 군대에서 두 번째로 맞이하는 어머니 생신입니다.

 작년 이맘쯤에 같은 장소, 같은 시간대에 어머니를 생각하며 편지에 마음을 꾹꾹 눌러 담았는데 세월이 금방 흐른 것 같아 감회가 새롭습니다.

 1년이라는 시간 동안 무척 많은 사건들과 인연들이 우리 곁을 지나갔습니다. 그리고 그중에서도 어머니의 희생과 헌신이 가장 인상 깊었습니다.

병원에서 밤낮으로 아버지를 간병하신 어머니

본인 건강보다 아버지 건강을 더 생각하며 병원에서 밤낮으로 아버지를 간병하신 어머니! 아버지는 어머니가 있어서 더 건강해지고 힘이 났을겁니다. 엄마가 있어서 지금의 아빠가 있고 우리 가족이 있는 겁니다.

이번 8월 2차 모의시험을 보고 영광 진내리 별장을 다녀왔습니다. 그곳에 가서 맛있는 밥 실컷 먹고, 눕고 싶을 때 누워서 편히 쉬다 왔습니다. 그런데 제가 제일 좋아하는 다락방이 있어서 더 안락하게 느껴졌습니다.

다락방에서 느낀 어머니의 사랑

제가 왜 이리 다락방을 좋아할까 생각해보다가 엄마 생각이 났어요. 저는 유난히 좁고 아늑한 공간을 좋아하는데 아마 엄마 뱃속에 대한 기억이 남아 있는 것 같습니다.

자궁 속에서 가장 안전하고, 영양분이 풍부하며, 어머니의 사랑을 몸소 느낄 수 있다 보니 그 안에서 행복했던 기억을 찾아 어렸을 때부터 장롱에 들어가고 다락방, 침낭 같은 모두 어둡고 좁은 공간을 찾았던 것 같습니다.

제가 태아일 때부터 어머니로부터 과분한 사랑을 듬뿍 받았다는 생각이 듭니다.

어머니가 계셔서 찬란하게 빛나는 제 인생

　어머니 저는 신이 제게 운명을 바꿀 기회를 준다고 해도 어머니 아들이 될 것입니다.

　비록 실수도 많고 시행착오도 많이 겪었지만 제 곁에 항상 어머니가 계셨기에 찬란하게 빛나는 인생을 살았고 행복했습니다.

저에게 빛을 선물해주신 엄마 사랑해요.

2024. 8. 16.
아들 올림

LOVE IS EVERYTHING.

It is the key to life.

and its influences are

those that move the world.

사랑하는 어머니에게.

어머니! 벌써 군대에서 두번째로 맞이하는 어머니 생신입니다. 작년 이맘때에 같은 장소, 같은 시간대에 어머니를 생각하며 편지에 마음을 꾹꾹 눌러 담았는데 세월이 금방 흐르는것 같아 감회가 새롭습니다. ㅎㅎ. 1년이라는 시간동안 무척 많은 사건들과 인연들이 우리 곁을 지나갔습니다. 그 중에서도 어머니의 희생과 헌신이 가장 인상 깊었습니다. 본인 건강보다 아버지 건강을 더 생각하며 병원에서 밤낮으로 간병을 하신 어머니! 아버지는 어머니가 있어서 더 건강해지고 힘이 나는 겁니다. 엄마가 있어서 지금의 아빠가 있고 우리 가족이 있는겁니다. 이번 8월 변호사시험 2차 모의시험을 보고 영장 꺼내어 병장을 다녀왔습니다. 그곳에 가서 맛있는 밥 실컷 먹고, 눕고 싶을 때 누워서 편히 쉬다 왔습니다. 그런데 제가 제일 좋아하는 다락방이 있어서 더 안락하게 느껴졌습니다. 제가 왜 이리 다락방을 좋아 할까 생각해보다가 엄마 생각이 났어요. 저는 유난히 좁고 아늑한 공간을 좋아하는데 엄마 뱃속에 대한 기억이 남아 있는 것 같습니다. 자궁 속에서 가장 안전하고, 영양분이 풍부하며, 어머니의 사랑을 몸소 느낄 수 있다보니 그 안에서 행복했던 기억을 찾아 어렸을 때부터 장롱에 들어가고, 다락방, 침낭 같은 모두 어둡고, 좁은 공간을 찾았던 것 같습니다. 제가 태어날 때부터 어머니로부터 과분한 사랑을 듬뿍 받았다는 생각이 듭니다. 어머니 저는 신이 제게 운명을 바꿀 기회를 준다고 해도 어머니 아들이 될 겁니다. 비록 돈도 많고 시행착오도 많이 겪었지만 제 곁에 항상 어머니가 계셨기에 찬란하게 빛나는 인생을 살았고 행복했습니다. 저에게 빛을 선물해준 엄마 사랑해요 ♥

2024. 8. 16. 아들 올림

❹ 군에 간 아들에게 보내는 엄마의 편지

신병교육대에서 훈련받고 있는 아들에게

　장한 우리 아들아!
더운 날 훈련 받느라 고생이 많구나.
맛있는 식사와 훈련과정을 잘 적응하며 지내고 있는 듯하여 다행이라 여겨지는구나!

　한번쯤 거쳐야 할 과정이기에 즐거운 마음으로 잘 해내리라 믿는다. 입영식 하는 날도 반듯한 자세로 씩씩하게 서 있던 늠름한 모습이 대견스러웠단다.

단순한 생활, 민첩한 행동으로 심신의 건강을 증진시키는 의미 있는 시간으로 여기며 알차게 보내길 기도 드리마!

이 세상 누구보다 장하고 소중한 우리 아들에게 엄마는 간절한 기도와 마음만 드릴 수 밖에 없구나!

아들아!
잘 할수 있고 잘 해내리라 믿어 의심치 않는다.
가장 먹고 싶은 것이 무엇이니? 휴가 나올 때 해주마.
항상 건강하고 즐거운 생활이 되길 바란다.
보고 싶구나.

사랑하는 우리 아들 보고 싶구나!
(신병교육대 훈련을 받고 있는 중)

내 사랑하는 아들아!
무더위에 얼마나 고생이 많을까?
그동안도 훈련 잘 받고 있다니 대견스럽구나.
지금 아빠는 할아버지 주물러 드리고 할머니는 잠시 쉬시고 엄마는 아들에게 편지 쓰고 있네!

할아버지는 아빠가 주물러 주시니 "5만원·10만원 준 것 보다 더 좋다. 아이 시원하다. 고맙다!" 하시며 손자가 군대에서 고생이 많겠다.

말씀을 몇 번 반복 하시는구나! 할아버지께서 꼭 필요한 말씀만 하시네(우리 아들 생각을 가장 많이 하시네).

언제 아들에게 전화 올까? 기다리고 있는 중이네.
울산을 거쳐 할아버지 댁에 와서 지금 할아버지 보살펴 드리고 있고, 내일 아침에 상경하여 월요일부터 학교 출근하네.

우리 아들아!
훈련 무사히 잘 받고 씩씩한 모습으로 수료식 날 만나자!

사랑하는 아들아!
항상 밝고 긍정적인 우리 아들의 모습을 보고싶다.
어쨌든 훌륭하게 잘 될 아들임에 하느님께서 보살펴 주시고 계시니 마음이 기쁘구나!

무더위를 이겨내며(신병교육대 수료식을 마치고 보낸 글)

8.16일 신병교육대 수료식을 마치고 8.17일 자대배치를 잘 받았구나! 염려와 기도를 많이 했었는데 ~~

하느님의 은총으로 바람직한 길을 열어 주시어 건강하고 성실히 군 생활을 잘 할 수 있도록 지혜와 은총을 내려 주시길 간절히 기도드릴게!

항상 긍정적인 마음으로 밝고 씩씩하게 매사에 솔선하고 모범을 보이는 우리 아들이 군에서의 생활도 변함없이 이어지길 바란다.

 동료, 선임들과도 잘 지내고! 우리 장한 아들은 잘 해내리라 믿는다.

아들을 사랑하는 엄마가!

❺ 아들과 함께한 부대의 모든 분들께 감사 드립니다

안녕하세요. 추운 날씨에 건강히 잘 지내시죠.

군대에 간 아들과 가끔 통화하면서 "시간이 참 빨리 간다"고 하면서 잘 지내고 있다라는 아들의 밝은 목소리를 들었을 때 아들과 함께한 부대 모든 분들이 어떤 분들일까 생각하였습니다.

아들이 자대에 처음 배치되어 궁금하였는데, 부대에서 온 반가운 전화를 받았습니다. 아들 부대의 행정보급관님께서 "아드님이 부대에 잘 도착하여 적응 잘하고 있습니다"라는 말씀을 전해 주었을때 정말로 반가웠고 그제서야 마음이 놓였습니다.

처음에는 사회에서 자신이 원하는 목표를 이루지 못하고 늦은 나이에 군대에 입대하여 "아들이 심적으로 많이 힘들겠구나" 생각도 들고, 공부만 하느라 사회 경험이 부족하여 군 생활을 잘 할 수 있을까? 하는 염려를 많이 했는데 부대에서 적응을 잘하고 있다 하니 정말 다행이었습니다.

부대 모든 분들의 보살핌과 관심 감사합니다

아들이 군 복무를 잘 할 수 있는 이 모든 것은 아들과 함께한 부대 모든 분들의 따뜻한 보살핌과 관심과 배려라고 생각합니다.

아들이 상병이었을 때 부대 개방행사에서 부대의 모든 분들을 만났을 때 아들에게 진심으로 대해 주시는 모습을 보고 "아들이 군 생활을 하는데 큰 힘이 되겠구나" 생각되어 한편으로 마음이 놓였습니다.

고마움을 잊지 않고 살아가겠습니다

군 복무기간 동안 잘 보살펴 주셔서 아들이 건강하게 무사히 전역을 하였습니다. 진심으로 감사드리며, 고마움을 잊지 않고 살아가겠습니다.

항상 건강 챙기시면서 힘든 군 생활을 즐겁게 하시고 잘 지내시기를 바랍니다. Story 5

❻ 부대원들의 경례를 받은 김병장 아버지

2025년 1월 9일부로 전역을 명 받았습니다!

"이번 주는 계속 한파주의보 발령 소식!"

아들이 전역하는 날 2025년 1월 9일 목요일은 올해 들어 가장 추운 날씨라고 연일 방송이 나왔다. 내심 걱정이 되었다.

'올해 가장 추운 날이 제대하는 날이네, 신병교육대 입대할 때도 엄청 더웠는데' 하고 혼자서 중얼거렸다.

휠체어를 타고 있어서 거동이 불편하였기 때문에 딸이 직장에 하루 휴가를 내고 차를 운전하여 아침 일찍 아들 부대로 갔다.

아들 전역하는 날 영하 15도, 체감온도 영하 20도

기다리는 내내 날씨는 영하 15도였고 체감온도는 영하 20도가 넘었다. 딸은 날씨가 추운데도 차 밖에서 기다리고 있었다. 한참을 기다리는데 위병소 너머로 군인들이 줄을 서서 오는 모습이 보였고 언뜻 무리 중에 아들 모습이 보였다.

차창 밖으로 듬직하고 멋진 아들이 다가오더니 트렁크에 있는 휠체어를 꺼내어 차 문 옆에 놓았다. 나는 순간 '내가 나갈 필요가 있을까?' 혼자 생각하는 중 차량 문이 열리면서 "아버지 내리세요"하는 것이었다.

'부대 차렷' '부모님께 대하여 경례'

나는 "아니 왜 내려. 그냥 가자" 아들은 "아버지! 잠깐만 내리세요. 제가 부축해 드릴게요." 얼떨결에 나는 어렵게 차에서 내려 휠체어를 탔다.

아들은 휠체어를 뒤에서 밀고 군인들이 모여 있는 앞으로 가더니 군인들에게 "우리 아버지입니다"라고 소개했다.

순간 당황하며 깜짝 놀랐다. 나는 "안녕하세요. 추우신데 고생이 많으십니다" 하면서 휠체어를 탄 채로 고개를 숙여 인사를 했다.

어느새 아들과 함께 전역하는 동기의 어머님도 모시고 와서 내 옆에 서 계셨다.

부대원들의 경례를 받은 김병장 아버지

아들은 제식을 맞춰 모인 부대원들을 향하여 '부대 차렷', '부모님께 대하여 경례'를 우렁찬 목소리로 선창하였고, 부대원들은 아들의 구령에 맞춰 일제히 '필승'하고 경례하였다.

아드님이 군대 생활을 정말 잘 했습니다
훌륭한 아드님을 군대에 보내주셔서 감사드립니다

나도 거수경례로 '필승'을 하여 경례를 받아주었고, 큰 소리로 '감사합니다'를 여러 번 하였다. 왠지 모를 벅찬 감정이 북받쳐 올랐다.

어느새 간부인 군인이 나에게 다가와서 "아드님이 군대 생활을 정말 잘 했습니다. 이렇게 훌륭한 아드님을 군대에 보내 주셔서 감사드립니다" 하면서 '필승' 경례를 하는 것이었다.

이 추운 날 생각지도 않은 부대원들의 인사를 받고 한없이 감사한 마음이 들었다.

전역하는 날 훈훈한 석별의 정을 나누는 모습을 보고
나도 모르게 울컥

아들이 부대원 한명 한명 서로 안고 인사를 하는 동안, 한쪽 땅바닥에 쭈그려 앉아 고개를 숙이는 군인이 보였다. 고개를 든 군인은 눈물을 흘리고 있었던 것이었다.

아들을 포함하여 부대원들이 다가가서 다독이며 서로를 보고 울다 웃는 모습들을 보며 나도 모르게 울컥했다.

31살 이등병, 33살 병장으로 전역

아들이 나이 31살에 이등병으로 군대 생활을 시작하여 나이 33살에 병장으로 전역하는 날 이런 훈훈한 석별의 정을 나누는 모습을 보고 흐뭇했다.

'우리 아들 군 생활 정말 잘했구나' 대견하고 장하다! 우리 아들아.

⑦ 이제 새로운 마음으로 시작하는 아들을 바라보며

아들이 선택한 길이니 그 뜻을 존중하고 응원

전역하는 날 집으로 오는 길에 아들은 차분한 목소리로 이야기를 시작했다.
'앞으로 1년간은 군에 오기 전 준비한 시험을 다시 시작하기로 하였으니 지켜봐 주라'고 말했다.

앞으로 인생을 살다 보면 모든 일이 뜻하는 대로 이루어지지 않을 수도 있고, 또한 그 길이 쉽지 않은 길이지만, 그래도 아들이 선택한 길이니 그 뜻을 존중하고 응원하기로 했다.

결과는 중요하지 않다고 생각한다. 아들이 지금까지 살아오면서 때로는 좌충우돌하며 아플 때도 있었겠지만 …

온전히 자기 자신을 찾아가는 멋진 여정의 군 생활

늦은 나이에 시작한 군대 생활을 성실히 모범 용사로서 귀감이 될 수 있었던, 그 모든 과정이 온전히 자기 자신을 찾아가는 멋진 여정이었다고 생각한다.

18개월의 과정이 아들이 바랐던 모습이든, 바라지 않던 모습이든, 그 모두가 아들 스스로 그 자체를 긍정적으로 수용하고 매 순간 사랑하였다고 생각한다.

아들이 생각하는 '주님의 뜻'이 아닐까?

돌이켜 보면 아들이 목표로 하는 시험에 통과하지 못하고, 사병으로 군대에 입대한 것도 지금 이렇게 무사히 건강한 몸으로 전역을 하는 것도 아들이 생각하는 '주님의 뜻'이 아닐까? 하는 생각이 든다.

군에서의 배움이 사회를 살아갈때
보탬이 되고 힘이 되게 하옵소서

31살 늦은 나이 군대에 가서, 33살에 건강한 몸으로 전역을 하였으니 앞으로 자신이 하고 싶은 일을 하면서 즐겁게 하루하루를 보냈으면 한다.

　오늘도 내일도 '필승'을 외치며! 긍정적인 마음으로 목표를 향하여 힘차게 살아가기를 바란다.

❽ 아들에게 들려주고 싶은 이야기

사랑하는 아들아!

공부란 쉬운 것이 아닌 것 같구나. (옛 성현의 말씀 중에) 중학교 1학교 한문 시간에 배운 **독서백편 의자현(讀書百遍 意自見)** 뜻을 살펴보면 '글을 백 번을 읽으면 그 뜻이 저절로 나타난다'는 의미로 어려운 글도 자꾸 되풀이하여 읽으면 그 뜻을 스스로 깨우쳐 알게 된다는 말이다.

글을 백번 읽으면 그 뜻이 저절로 나타난다

중국의 학문이 깊은 동우라는 학자에게 많은 사람이 배우고자 하였으나, 학자 동우는 독서백편 의자현을 말하였다.
"아무리 어려운 책이라도 백 번만 읽으면 뜻을 저절로 찾아오게 되는 법이니, 나의 가르침은 별반 도움이 되지 못한다" 하였다.

사람에게는 세 가지 남는 시간이 있으니(**독서삼여 : 讀書三餘**), 남는 시간에 책을 읽으면 백번이 아닌 천 번이라도 못 읽을 까닭이 없다. 그 세 가지 남는 시간이란 겨울과 밤과 비 올 때이다.

공부하는데 도움이 되었으면 하는 고사성어

첫째로
여조삭비(如鳥數飛) : 如(같을 여) 鳥(새 조) 數(셀 삭) 飛(날 비)
논어 학이편에 나오는 여조삭비(如鳥數飛)는 새가 하늘을 날기 위해서는 수없이 날갯짓을 해야 하는 것처럼 배움도 쉬지 않고 연습하고 익혀야 한다는 뜻.
(새가 자주 하는 날갯짓과 같다. 쉬지 않고 배우고 익힘을 비유)

둘째로
마부작침(磨斧作針) : 磨(갈 마) 斧(도끼 부) 作(지을 작) 針(바늘 침)
'도끼를 갈아 바늘을 만든다.'는 뜻으로, 아무리 어려운 일이라도 끊임없이 노력(努力)하면 반드시 이룰 수 있음을 이르는 말.

당나라 이백이 어린 시절 공부하기 싫어서 스승 몰래 산을 내려 갔는데, 할머니가 냇가에서 바위에 도끼를 갈고 있는 모습을 보고 물었더니 "도끼를 갈아 바늘을 만들겠다"고 하면서, 중간에 그만두지 않으면 언젠가는 바늘이 될 수 있다"는 말을 듣고 다시 산에 올라가 공부를 계속했다고 함.

셋째로
수적천석(水滴穿石) : 水(물 수) 滴(물방울 적) 穿(뚫을 천) 石(돌 석)
'물방울이 바위를 뚫는다.'는 뜻으로, 작은 노력(努力)이라도 끈기 있게 계속(繼續)하면 큰 일을 이룰 수 있음.

물방울이 바위를 뚫는다고 했다. 큰일은 작은 일에서 시작된다. 발걸음이 모여 천 리가 되고, 티끌이 모여 태산이 된다. 처음엔 아득해도 걷고 또 걸으면 지척이 되는 게 세상 길이다. 배우고 익혀 좌절하지 말고 항상 넓은 세상을 보았으면 한다.

여조삭비, 마부작침, 수적천석을 큰소리로 읽었으면 한다

이제 올해는 책을 대할 때는 여조삭비, 마부작침, 수적천석 위 세가지 고사성어를 큰소리로 읽었으면 한다. 힘들 때 한 번씩 새겨 보면 목표에 다가 가는데 조금이나마 도움이 되지 않을까 생각한다.

지치고 힘든 어려운 일이 있더라도 "열정을 가지고 꾸준히 노력하면 모두 이룰 수 있다" 라는 큰 믿음으로 굳은 각오로 꾸준히 정진하여 목표하는 바를 꼭 이루기 바란다. Story 8

에필로그

24년 제6회 군종 콘텐츠 공모전 출품작

상병 김○○

저는 매주 성당에 갑니다.
눈이 오나, 비가 오나, 근무가 있거나, 외출을 나가도 빠지지 않고 꼬박꼬박 미사를 드리러 갑니다.

제가 특별한 신앙심이 있어서는 아닙니다. 저는 매사에 의심도 많고, 아직도 가끔 신의 존재에 대해 질문을 던지는 발칙한(?) 신자이기 때문입니다.

하지만 저는 신과 약속을 했습니다. 그래서 미사에 빠지지 않는 겁니다.

신과의 약속은 2021년 봄에 하였습니다.
그때는 제가 대학원 3학년에 재학중으로 시험과 성적으로 하루하루 고통스럽던 시기였습니다. 엎친데 덮친격으로 2017년 신장암 수술을 받은 아버지의 몸에 암이 재발해 수술을 앞두고 있었습니다.

불안한 감정, 방황하는 마음, 저는 무턱대고 학교 앞 성당에 찾아갔습니다. 아무도 없는 성당에 앉아 그동안 힘들었던 일을 떠올리다 보니 울음이 터져나왔습니다.

　제가 갓난아기일 때를 제외하고 인생에서 이렇게 많이 운 적이 있었나 싶을 정도로 목놓아 울었습니다. 마음이 조금이나마 후련해지고 가벼워졌습니다. 그리고 문득 신과 대화를 나누고 싶다는 생각이 들었습니다. 손을 모으고 기도했습니다.

　"주님, 저 앞으로 절대 미사 빠지지 않을테니까 제발 아빠 좀 살려주세요. 시험 합격하는거, 성공하는거 안 바랄게요. 그냥 아빠만 건강하게 살 수 있게 해주세요. 무슨 수를 써서라도 매주 안 빠지고 성당 갈게요."

　신과 저와의 비밀이었기 때문에 남들에게 설명하지 않고 묵묵히 성당에 나갔습니다. 신과의 약속은 곧 저와의 약속이었습니다. 귀찮고 컨디션이 안 좋아도 옷을 입고 나갔고, 낯선 곳에 가서도 그 근처의 성당위치를 검색한 뒤 미사에 참석했습니다. 유별난 강박처럼 보일지라도 그렇게 하는 것이 저의 마음을 안정시키는 유일한 길이라 생각했습니다.

　하지만 제가 한 약속에 위기가 찾아왔습니다.

제 나이 31살, 2023년 7월 10일에 입대를 하게 된 것입니다. 처음 신병교육대대에 입소했을 때 부대 내 성당, 교회, 절이 모두 있어서 다행이라고 생각했습니다. 군대에서도 종교활동이 보장된다는 것을 알고 있었기에 안심이 되었습니다.

그런데 제가 입대한 시기에 코로나19 확산 방지를 위해 훈련소 입소 첫째주 종교활동 참석이 제한된다는 소식을 듣게 되었습니다. 4년 넘게 지키던 약속이 깨질수도 있다는 생각에 불안이 엄습했습니다. 군대에서는 통제된 단체생활을 해야 하기에 개별적으로 행동을 할 수 없었고, 조교에게 물어봐도 지침이 달라지지 않았습니다.

훈련소 입소 둘째주, 종교활동 참여가 보장된다는 소식을 듣고 기뻤습니다. 훈련소 동기들이 "교회에 가면 찬송가도 부르고 재밌다", "절에 가면 간식이 푸짐하다"와 같은 소문을 주고받아도 제 귀에 들어오지 않았습니다.

저는 오직 성당에 가서 미사를 드리고 신과의 약속을 지킬 날만 고대하고 있었습니다. 주말, 설레는 마음을 안고 천주교 미사 참석 희망자들과 열을 맞춰 성당으로 갔습니다.

성당에 도착했을 때 오랜만에 미사 드리는 것 같은 낯섦, 성당 특유의 향기에서 오는 익숙함과 안정감, 한 주 미사에 빠져 약속을 지키지 못했다는 죄책감, 혹시 아버지의 건강이 잘못되지 않을까 하는 두려움...복합적이고 혼란스러운 감정이 휘몰아쳤습니다.

   그래서 미사가 끝난 후 신부님께 고해성사를 드렸습니다. 신부님께 지난주 하느님과의 약속을 어기고 성당에 못 간게 마음에 걸렸다고 말씀드렸습니다.

   그동안 성당에 열심히 참석하는 조건으로 아버지가 건강하게 해달라고 부탁했는데 머리로는 미사참석과 아버지의 건강이 무관하다는 것을 알면서도 불안하다고 고백했습니다.

   신부님께선 "주님은 나쁜 마음을 품고 있는 게 아닌 이상 어쩔 수 없는 상황은 미리 예견하시고 다 이해하시며 받아들여주신다"고 하셨습니다. 그 말을 듣는 순간 울컥했습니다. 그리고 솔직히 고백하길 잘했다고 생각했습니다. '이 또한 주님이 계획하신 것'이라는 말이 안심이 되었습니다.

   돌이켜 보니 제가 시험에 통과하지 못해 장교가 아닌 사병으로 군대에 온 것도, 지금 이렇게 무사히 훈련을 받는 것도 주님의 뜻이 아닐까하는 생각이 들었습니다.

   신부님의 말씀을 들은 이후 아버지의 건강은 주님이 뜻하신 대로 잘 될거라는 생각을 가지게 되었습니다. 간혹 가족들이나

아버지 본인이 건강에 대해 걱정하는 말을 해도 저는 "주님이 계획하신 게 있겠지", "아빠! 나는 하나도 걱정 안된다!"하고 진심이 담긴 말을 전했습니다.

 자대배치 추첨을 하던 날 저는 기갑여단에 배속되었습니다. 처음 부대명에 '기갑'이라는 단어가 들어간다는 것, 300여명의 훈련소 동기들 중 ○○기갑여단으로 자대배치 받은 사람은 10명뿐이라는 것, 기갑부대는 군기가 엄하고 훈련이 힘들다는 소문 등 때문에 걱정도 되었지만 "분명 주님의 뜻이 있을거다!"라는 말을 되새기며 저 스스로를 안심시켰습니다.

 신병교육대대에서 만난 신부님과의 인연은 제가 기갑여단에 가서도 이어졌습니다. 신부님은 타부대 성당에 계셨지만 매주 토요일마다 제가 있는 기갑여단 공소로 직접 오셔서 미사를 집전해주셨습니다.

 저는 자대 전입 이후에도 부대내에 진행되는 미사에 매주 나갔고, 주말 외출로 부대 내 성당에서 미사를 못 드리게 되면 부대 근처나 집 근처 성당에 가서 미사를 드리고 복귀했습니다. 일과 시간에 열심히 일하고 주말에 성당에서 힐링을 하며 한 주 마무리하는 생활을 계속하다 보니 시간이 빠르게 지나갔습니다.

성당에 가는 것, 신과의 약속을 지키기 위한 행동이었지만 결국 제 자신과의 약속을 지키는 것이기도 했습니다. 신을 만나러 가는 종교활동이었지만 동시에 제 자신과 마주하는 시간이었습니다. 신과의 대화는 그동안 외면하고 무시했던 제 내면과의 대화이기도 했습니다.

　교회, 절에서 하는 성탄절, 새해 타종식, 부활절, 석가탄신일 등등 종교행사 지원을 나가서도 다른 종교를 가진 이들과 소통하면서 각자 마음 속에 있는 신들과 인사를 했습니다.

　상대가 믿는 종교를 존중하는 것이 곧 상대방을 존중하는 것이라 믿었습니다. "내가 믿는 신의 모습은 이런데, 네가 믿는 신의 모습은 어때?"라는 질문을 던지며 서로의 비슷한 점을 찾고 다른 점을 이해하려고 노력했습니다.

　군종활동을 하며 제 자신에게 물었습니다. "신은 나의 부족한 모습을 보고 실망하실까?". 대답은 "아니다"였습니다. 그 신의 이름이 하느님이든, 하나님이든, 부처님이든, 우리 인간을 있는 그대로 바라볼 것 같았습니다.

　그렇다면 제가 가진 부정적인 면들을 미워하고 외면할 필요가 있을까 하는 질문으로 이어졌습니다. 긍정적인 면만 아니라 부정적인 면들도 나라는 것을 받아들여도 괜찮다는 생각이 들었습니다.

군생활, 나아가 인생을 살다 보면 항상 일이 잘 풀리고 좋지만은 않았습니다. 늦깎이로 군입대를 하고, 좌충우돌하는 성장기가 아플 때도 있었습니다.

　하지만 그 모든 과정이 온전한 제 자신을 찾아가는 여정이었다고 생각합니다. 그리고 제가 바라는 모습이든, 바라지 않는 모습이든 모두 제가 사랑하는 제 자신이라는 것을 받아들이게 되었습니다.

　제 자신을 찾게 해준 군종활동에 감사하며, 저는 매주 나에게 갑니다.

저자소개

다문화 큐레이터 김록환교수/국가정책홍보가수

전 노동부 공무원(직업지도관)
    한국산업인력공단 외국인력국(한국어시험팀장 · 입국지원팀장)
    국가직무능력표준(NCS) 표준개발실장
    한국산업인력공단 강원지사장 / 정보화지원국장
    한국산업인력공단 서울남부지사장 / 서울서부지사장

현 삼육보건대 교수/글로벌 다문화 교육본부장
현 법무부 출입국 · 외국인 사무소 사회통합 위원
현 한국음악저작권협회 및 다문화문화봉사회 활동
현 글로벌행정사(출입국민원대행기관) 외국인주민 봉사활동
    한국진로교육학회 다문화 진로교육 위원장
    종로구 다문화가족지원협의회 위원
    동강대학교 글로벌 다문화교육 위원회 위원장
현 다문화문화봉사회 리더

제 1회 노동부 〈올해의 직업지도관〉 1997.12.31.
제 1회 한국산업인력공단 조직문화혁신 유공자 〈자랑스런 공단인〉 2004.10.1.
국방대학교 홍보업무 유공자 〈국방대학교총장〉 2013.12.6.
재능 나눔 대상 〈국방부장관 표창〉 2014. 12.5.
제 1회 가요TV 가요대상 〈올해의 가수상〉 2018.12.27.
국정과제 정부혁신 유공자 〈국무총리 표창〉 2020.3.31.
대한민국 크리에이터 대상 〈다문화부문 특별상〉 2020.10.16.
청렴트롯공모전 〈최우수상〉 "정정당당 청렴사회" 2020.10.

2003 한글주간 문화예술 영상공모전 ♪K한글송 장려상 수상

저서로 〈직업정보론〉, 〈직업상담실무〉, 〈나는 가수가 아니에요〉, 〈노래를 통한 다문화 이해〉, 〈노래와 웹툰으로 보는 다문화 이해〉, 〈대한민국 국적취득을 도와드립니다〉 등이 있으며

노래로 〈K한글송〉, 〈K뷰티송〉, 〈K베이커리송〉, 〈K푸드김치송〉, 〈혁신해요〉, 〈NCS〉, 〈정정당당 청렴사회〉, 〈큰일났다 저출산〉, 〈MY JOB MY SKILL〉, 〈JOB & JOB〉, 〈가자 세계로〉, 〈우리 며느리〉, 〈바다 건너온 사랑〉, 〈사랑해요〉, 〈함께한 사랑〉, 〈인월장터〉, 〈물좀줘〉, 〈웃으면서 살아요〉, 〈믿었는데〉, 〈종로사랑〉, 〈치맛바람〉, 〈사랑은 빵이야〉, 〈초밥사랑〉, 〈청춘들아 힘이들지〉, 〈친구같은 아내 친구같은 남편〉, 〈여보야〉, 〈꿀벌사랑〉 등 〈다문화사랑 노래〉 바다건너온사랑 번안곡 등 정책과 사회문제를 노래로 전달하기 위하여 16년 동안 16집 38곡 발표